Who Am I
나는 누구인가
쉽게 읽는 한글판 자랑스런
나의 뿌리

밀양 박씨 이야기
密陽朴氏

畵報로 보는 先祖의 발자취

〈오릉 제각(五陵祭閣)〉

화보(畫報)

시조왕 박혁거세
(始祖王朴赫居世)

삼 국사기의 기록에 의하면, 일찍이 고조선의 유민(遺民)이 지금의 경상도 지방 산곡간(山谷間)에 흩어져 살던 여섯 마을의 6촌장 중 고허촌장 소벌공(蘇伐公)이 양산(楊山) 밑 나정(蘿井) 곁에서 말이 알려준 큰 알을 얻었는데, 깨어 보니 그 속에 어린아이가 있었다. 알이 매우 커서 박과 같다 하여 성을 박(朴)이라 하였다. 13세가 되었을 때 매우 영특하여, 여섯 마을의 왕으로 삼고 국호를 서라벌이라 하였다. 기원전 41년 혁거세가 알영부인을 동반, 6부(部)를 순행하면서 백성에게 농잠(農蠶)을 권면하여 생산의 증가에 힘쓰니, 백성들이 이들을 이성(二聖)이라 칭송하였다. 기원전 37년 서울에 금성(金城)을 쌓고, 기원전 32년 금성에 궁궐을 지었다. 4년 73세로 죽자 담엄사(曇嚴寺) 북쪽의 사릉(蛇陵)에 장사지냈다.

오릉(五陵)

신라 시조(始祖)이자 우리나라 박씨(朴氏)의 도시조(都始祖) 박혁거세(朴赫居世)와 알영부인(閼英夫人), 제2대 남해왕(南解王), 제3대 유리왕(儒理王), 제5대 파사왕(婆娑王) 등 5명의 왕릉이다. 일명 사릉(蛇陵)이라고도 하는데 이러한 명칭은 박혁거세가 승하 후 7일 만에 그 유체(遺體)가 다섯 개로 되어 땅에 떨어졌으므로 이를 합장하려 하자 큰 뱀이 나와 방해하므로 그대로 다섯 군데에다 매장하였다는 《삼국유사》의 기록에서 연유되었다.

매년 추분(秋分)으로 전국의 후손들이 이곳에 모여 시조왕 능향제(陵享祭)를 봉향한다. (사적 제172호. 경북 경주시 탑동 67)

◁ 숭의문(崇義門).
오릉 입구 신문

▽ 신라 오릉
(新羅五陵)

화보(畵報)

△ 오릉 제각(五陵祭閣)

▽ 숭덕전(崇德殿). 신라 시조 박혁거세박혁거세(朴赫居世)의 위패를 모신 묘전(墓殿). 1429년(세종 11)에 지어진 것을 수차례 증건하여 오늘에 이르렀다.
임진왜란 이후부터 박씨문중에서 관리 및 행사 전반을 주관한다. 현재 춘분과 추분에 제향을 봉행한다.

나정(蘿井)

시조 박혁거세가 탄강(誕降)한 곳으로, 이곳에는 박혁거세를 기리는 유허비를 비롯하여 신궁터로 추정되는 팔각건물지, 우물지, 담장지, 부속건물지, 배수로 등이 남아 있다. 특히 팔각건물지는 한 변의 길이가 8m나 되고 네모난 담장을 두른 것으로 보아 신라의 신궁터로 추정된다. 따라서 이곳 나정에 박혁거세를 제사지내는 신전으로 짐작되며 현재 발굴복원이 진행 중이다. (사적 제245호. 경북 경주시 탑동 67)

◁ 나정(蘿井)의 발굴 전 옛 모습

▽ 현재 발굴 복원중인 나정

화보(畵報)

△ 신라시조왕비탄강유지비
 (新羅始祖王妃誕降遺址碑)

▷ 알영정(閼英井)

알영정(閼英井)

신라 시조 박혁거세의 왕비 알영부인(閼英夫人)이 태어난 곳으로 남쪽에 1931년에 세운 '신라시조왕비탄강유지비(新羅始祖王妃誕降遺址碑)' 비각이 있다. 《삼국유사(三國遺事)》에는 기원전 53년에 알영정 가에 계룡(鷄龍)의 오른쪽 옆구리에서 입술이 닭의 부리를 닮은 여자아이가 태어났는데, 한 노파가 아이를 거두어 알영이라고 이름 짓고 월성 북쪽에 있는 냇물에 목욕을 시켰더니 여자아이의 부리가 떨어지고 13세 때 혁거세왕의 왕비가 되었다고 한다. (경북 경주시 탑동 오릉 경내)

숭성전(崇聖殿)

호남지방의 후손들이 경주 숭덕전까지 참배하러 가는 것이 쉽지 않아 지금의 순천에 시조 박혁거세를 비롯하여 8대군(八大君)인 밀성대군(密城大君派 : 밀양·반남·진원박씨 등), 고양대군(高陽大君 : 고령박씨), 속함대군(速咸大君 : 함양·삼척박씨 등), 죽성대군(竹城大君 : 죽산·음성·고성박씨), 사벌대군(沙伐大君 : 상주·충주박씨), 완산대군(完山大君 : 전주·무안박씨), 강남대군(江南大君 : 순천·춘천박씨 등), 월성대군(月城大君 : 경주박씨) 위패를 모신 사당이다. (전남 순천시 조곡동 산67)

◁ 회덕문(懷德門)

▽ 숭성전(崇聖殿) 전경

화보(畵報)

◁추원재.
신도비군.

대전 뿌리공원 조형

뿌리공원의 박씨 상징 조형물

대전광역시에 조성된 뿌리공원은 우리 국민이 자신의 뿌리를 알게 하여 경로효친사상을 함양시키고 한겨레의 자손임을 일깨우기 위하여 세계 최초로 성씨를 상징하는 조형물을 세우고 있다.
(대전광역시 중구 뿌리공원로 79)

▷ 밀양박씨(密陽朴氏)

밀양박씨의 시조 박혁거세가
탄생할 때의 모습과 같이
평명속에서 둥근 박과 같은
원형이 갈라지며 오색채운의
서기가 뻗는 형상이다.

화보(畵報)

△ 밀성대군단(密城大君壇). 밀성대군(密城大君) 박언침(朴彦忱)이 수봉한 금성의 유지에 세운 단소(壇所)이다. (경남 밀양시 내일동 봉무산)

▽ 밀성대군단(密城大君壇) 전경.

화보(畵報)

△ 밀성대군(密城大君) 박언침(朴彦忱)을 추모하여 후손들이 1978년 건립한 사당.
(경남 밀양시 내일동)

▽ 세루정(洗陋亭), 밀성재 서사(西舍)

12 · 밀양(密陽)박(朴)씨이야기

화보(畵報)

△ 추화재(推火齋). 밀성재 동사(東舍).

▽ 율산서원(栗山書院). 1977년에 건립한 서원으로 경산유림이 밀성대군(密城大君) 박언침(朴彦沈), 무열공(武烈公) 박현(朴鉉), 충간공(忠簡公) 박눌생(朴訥生), 충양공(忠襄公) 박경신(朴景愼), 낙산공(樂山公) 박운달(朴雲達) 등 5위를 배향키로 설의한 후, 다시 경상도 유림의 도회에서도 승인을 받았다. 서원내에는 묘우인 상현사(尙賢祠), 별사인 혜성사(慧成祠),
강당인 숭정당(崇正堂), 정문인 경행문(景行門) 등이 있다. (경남 밀양시 내일동 봉무산)

화보(畵報)

△ 경행문(景行門).

▽ 울산서원 내신문 전경.

화보(畵報)

△울산서원

▽ 익성사(翊聖祠). 삼한벽공도대장군(三韓壁控都大將軍) 박욱(朴郁)의 소상(塑像)과 그의 두 부인(夫人)의 소상을 봉안하고, 아들 요동독포사(遼東督捕使) 박난(朴瀾)의 신위를 봉안하여 춘추로 재향(祭享)한다. (경남 밀양시 내일동)

화보(畵報)

△ 추원재(追遠齋). 규정공(糾正公) 박현(朴鉉) 이하 밀양박씨 규정공파 선조를 모신 재실. (경기도 고양시 덕양구 주교동 산26-1)

▽ 규정공파(糾正公派) 선조 묘역 전경. (추원재 묘역)

△ 숭양사(崇陽祠). 규정공파 박현(朴鉉) 이하 박침(朴枕), 박눌생(朴訥生), 박은춘(朴殷春), 박응수(朴應秀)의 신위를 모시는 사당. 박은춘과 박응수를 배향하던 암사(鳳巖祠)가 1868년(고종 5) 서원철폐령으로 훼철되자 1935년 숭양사(崇陽祠)를 창건하였다. (전남 고흥군 두원면 학곡리)

▽ 원덕사(遠德祠). 밀성대군(密城大君)의 신위(神位)와 19중조(中祖)를 모신 사당. (충북 옥천군 이원면 용방리)

화보(畵報)

△ 숭양사 전경.

▽ 숭양사 전경.

화보(畫報)

△ 보령성곽(保寧城郭). 1430년(세종 12) 서산 군수 박눌생(朴訥生)과 보령 현감 박효성(朴孝成) 등이 힘을 합하여 수개월 만에 축성한 성곽이다. (충남 보령시 주포면 보령리)

▽ 창절사(彰節祠). 단종 복위를 도모하다가 희생되거나 절개를 지킨 충신들의 위패를 모신 사당으로 사육신인 박팽년(朴彭年), 성삼문(成三問), 이개(李塏), 류성원(柳誠源), 하위지(河緯地), 유응부(兪應孚)를 모시다가 후에 호장 엄흥도(嚴興道)와 박심문(朴審問), 생육신 중 김시습(金時習), 남효온(南孝溫)을 추배하였다. (강원 영월군 영월읍 영흥리)

화보(畵報)

△ 창계숭절사(滄溪崇節祠).
대전시 문화재자료 제2호. 박팽년(朴彭年) 등 사육신(死六臣)의 처형 소식을 듣고 자결한 청재(淸齋) 박심문(朴審問)의 위패를 모신 사당.
(충남 대전 서구 안영동 560)

▽ 상의당(尙義堂). (숭절사 내)

화보(畫報)

△ 충정묘(忠貞廟). 박심문(朴審問)의 부조묘(不祧廟). 안성향토유적 제5호.
(경기도 안성시 대덕면 대농리)

▽ 미산서원(眉山書院). 민신(閔伸) 이하 4충신과 청재 박심문(朴審問)을 같이 배향하였으나 고종조 서원 철폐령에 의하여 훼철되었다가 1882년에 복원령이 내렸으나 뜻을 이루지 하다가 그 후 사림에서 이 빈터에 단을 모시고 매년 춘추에 향사하다가 1911년에는 청재 박심문은 죽음사(竹陰祠)로 따로 모셨다.
(전남 해남군 해남읍 해리)

화보(畫報)

△ 숙모전(肅慕殿). 단종(端宗)과 충신들의 위패를 배향한 사당으로 계룡산의 동학사(東鶴寺) 경내에 있다. 청재(淸齋) 박심문(朴審問)의 위패는 서무에 봉향되어 있다. 충남문화재자료 제67호. (충남 공주시 반포면 학봉리)

▽ 세덕사(世德祠). 영동 향토유적 제18호. 고려조 우문관 대제학 문간공 박지요, 증이판 박천석, 한성판윤 박천귀, 국당공 박흥생, 예문관 대제학 박연, 전중어사 박흥거 등 13위를 모신 사당. (충북 영동군 영동읍 계산동)

화보(畵報)

△ 공효공(恭孝公) 박중손(朴仲孫) 신도비각. (경기도 파주시 탄현면 오금리 산19)

▽ 공효공 박중손의 재실. (경기도 파주시 탄현면 오금리 산19)

화보(畵報)

◁ 공간공(公簡公) 박건(朴楗)의 신도비.
(경기도 양주시 장흥면 일영리)

△ 공간묘(恭簡廟). 공간공(公簡公) 박건(朴楗)의 부조묘(不祧廟).
(경기도 양주시 장흥면 일영리)

화보(畵報)

△ 국계서원(菊溪書院). 박증영(朴增榮), 변경복(卞景福), 이덕수(李德洙), 이수언(李秀彦)을 봉향한 서원. (충북 청원군 내수읍 비중리)

▽ 국계서원 외신문.

화보(畫報)

△ 국제서원 경내 기념비.

▽ 국제서원

26 · 밀양(密陽)박(朴)씨이야기

화보(畵報)

△ 금오서원(金烏書院) 전경. 야은 길재의 충절을 기리기 위해 세운 서원으로 송당(松堂) 박영(朴英), 점필재 김종직, 신당 정붕, 여헌 장현광 등 5위를 추배하였다. 경북기념물 제60호. (경북 구미시 선산읍 원리)

▽ 금오서원(金烏書院)

화보(畵報)

△ 송당정사(松堂精舍). 송당(松堂) 박영(朴英)이 관직에서 물러나 낙향한 후 건립하여 학문을 닦던 곳이다. (경북 구미시 선산읍 신기리)

▽ 송당(松堂) 박영(朴英)의 신도비. (송당정사 경내)

화보(畵報)

△ 문목사(文穆祠). 송당(松堂) 박영(朴英)의 불천위 사당. (송당정사 옆)

▽ 송계서원 유허비각(松溪書院遺墟碑閣). 1667년(현종 8)에 모현서원으로 세워 송당(松堂) 박영(朴英). 매계(梅溪) 조위(曹偉). 남정(嵐亭) 김시창(金始昌) 등 3현을 모셨으나 고종조에 훼철되고, 유허비와 비각을 세웠다.
(영동군 매곡면 수원리 산 21-1)

화보(畵報)

△ 박충원(朴忠元) 낙촌비각(駱村碑閣) 전경. 영월 장릉에 있는 박충원의 정려각.
(강원도 영월군 영월읍 영흥12리 장릉 경내)

▽ 낙촌비각(駱村碑閣).

30 · 밀양(密陽) 박(朴)씨 이야기

화보(畵報)

△ 문경공(文景公) 박충원(朴忠元)의 신도비. 좌로부터 구(舊), 신(新).
(경기도 고양시 덕양구 주교동 산26-1 박충원 묘전)

▽ 이산묘(駬山廟) 영모사(永慕祠). 관원(灌園) 박계현(朴啓賢)이 배향된 사당.
이곳은 면암(勉菴) 최익현선생의 제자이자 고종의 스승인 연재(淵齋) 송병선의
제자들이 친친계(연재 제자모임), 현현계(면암 제자모임)를 구성한 후 건립한
곳이다. 전북기념물 제120호. (전북 진안군 마령면 동촌리)

밀양(密陽) 박(朴)씨이야기 • 31

화보(畵報)

△ 충정사(忠靖祠). 밀천군(密川君) 박승원(朴崇元)의 위패를 모신 사당.
(충북 청원군 강내면 월탄리)

◁ 박승원(朴崇元)의
신도비(神道碑).
(충북 청주시 흥덕구
수의동)

32 • 밀양(密陽)박(朴)씨이야기

화보(畵報)

△ 구천사(龜川祠). 밀산군(密山君) 박춘성(朴春成)과 진주성 싸움에 참전하였다가 남강에 몸을 던져 순절한 박흥남(朴興男)과 박연수(朴延壽) 등 임진왜란 때 공을 세운 밀양박씨 3충신을 봉안하한 사당. 전북문화재자료 제58호.
(전라북도 남원시 주생면 제천리)

▷ 퇴우당(退憂堂) 박승종(朴承宗)의 신도비.
(경기도 고양시 덕양구 주교동)

밀양(密陽)박(朴)씨이야기 • 33

화보(畵報)

△ 읍백당(挹白堂) 터. 퇴우당(退憂堂) 박승종(朴承宗)과 그의 차남 읍백당(挹白堂) 박자응(朴自凝)의 집 터이다. (서울특별시 중구 필동)

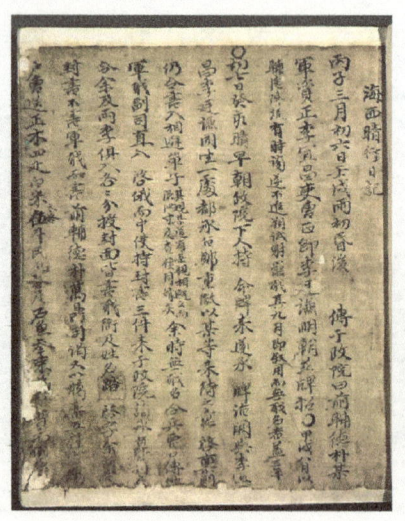

◁ 박만정(朴萬鼎)이 1696년(숙종 22) 황해도 암행어사로 임명되어 3월 7일부터 5월 12일까지 65일 동안 암행활동을 적은 초고본(草藁本). 보물 제574호.

머리말

《 밀양(密陽) 박(朴)씨 이야기 》

우리 한민족(韓民族)은 세계 어느 나라 어느 민족(民族)과도 비교되는 남다름을 담고 있는 민족이니, 그것은 유구한 역사와 시간 속에서도 한결같이 이어져온 하나의 혈맥(血脈)에서 나오는 자기 정체성과 일체감이 아닐까 합니다.

우리들이 더욱 화목(和睦)하고 단합(團合)하여 국가(國家)와 민족(民族)에 봉사하는 것이야말로 우리들이 이《밀양 박씨 이야기》를 발간하는 참뜻이라 할 것입니다.

그런 의미에서 본 서책은 밀양 박씨에 관해 체계적으로 정리 한 것으로 족인의식(族人意識)을 자각하고 일족(一族)의 친목(親睦)을 도모하며 조상(祖上)의 뛰어난 행적을 널리 알리고자 하는 목적으로 시대적 요구에 부응하는 가장 적합한 서책이라 할 것입니다.

조상의 행적의 공(功)과 덕(德)이 많음에도 알지 못하면 부지(不知)의 소치이며, 그 공덕(功德)을 알면서도 전(傳)하지 아니하면 불인(不仁)의 소치라 하였습니다.

급변하는 세상을 하루하루 바쁘게 살아오는 동안 오늘날 우리는 너나 할 것 없이 부지불인(不知不仁)을 면하지 못하고 있음을 생각하며 늘 안타까운 마음을 갖고 있던 차에 이렇게 우리의 역사를 성씨별로 읽기 쉽게 정리한 보첩이 발간되어 세상에 나오니 반가운 마음을 금할 수 없습니다.

특히 요즈음 자라나는 새 세대들은 세계사(世界史)나 외국

머리말

위인(偉人)에 대해서는 잘 알면서도 자기(自己)의 가계(家系)나 조상(祖上)들이 이루어 놓은 유사(遺事)에 관하여는 소홀히 하는 경향이 있는데, 이러한 시대적 상황에 처하여 온고지신(溫故知新)의 윤리도덕(倫理道德)으로 새로운 미풍양속(美風良俗)을 승화 발전시켜야 할 책무(責務)가 우리 세대에 요청받고 있으니, 다음 젊은 세대(世代)에게 올바른 윤리도덕(倫理道德)과 씨족(氏族)의 중요성을 일깨워야할 소명(召命)이며 의무(義務)가 아닐 수 없겠습니다.

지금까지의 대부분의 문중 사료와 보첩들은 우리 후손들에게는 너무 어려워서 가까이 하지 못한 점이 늘 안타까웠기에 본 《밀양 박씨 이야기》는 남녀노소 모두에게 이해하기 수월하게 구성하여 묶어 내었습니다.

이로써 생활 속에서 보다 가깝고 친근하게 조상(祖上)과 뿌리를 알게 하고 기본적인 예절을 알게 되는 계기가 될 것이라 기대합니다.

그동안 이 보첩의 발간을 위하여 지원하고 노력하여주신 여러분들에게 진심으로 감사를 드리며, 우리민족의 위대한 발전과 도약을 기원합니다.

2014. 8. 6.
성씨이야기편찬실

|차 례|

- 머리말 / 35
- 차　례 / 37
- 일러두기 / 38

화보(畵報) 3

밀양박씨(密陽朴氏)

연원과 씨족사(淵源과 氏族史) 41
　시조 및 본관의 유래(始祖 및 本貫의 由來) 41
　본관지 연혁(本貫地 沿革) 46
　씨족사 개요(氏族史 槪要) 47
항렬과 세계(行列과 世系) 48
　항렬표(行列表) 48
　세계도(世系圖) 56
역대 주요 인물(歷代 主要 人物) 70
　신라시대(新羅時代) 70
　고려시대(高麗時代) 86
　조선시대(朝鮮時代) 97

일러두기

1. 이 책은 전통적인 족보(族譜)와 보첩(譜帖)의 체제에서 벗어나 선조(先祖)들의 구체적인 행적(行蹟)에 대해 일반인들과 젊은 세대(世代)가 쉽게 보고 이해할 수 있도록 하는 것에 주된 방향을 맞추어 편찬하였습니다. 때문에 어려운 한문체(漢文體)의 내용이나 중복되는 내용이 많은 것은 배제하였습니다.

2. 본 보첩(譜諜) 편찬의 근본정신은 오랜 역사를 거쳐 오면서 유실된 사료(史料)와 각 씨족별로 나타나는 복잡하고 많은 이설(異說) 등의 다양한 견해(見解)를 모두 반영하기 보다는 자라나는 어린 후손들에게 보다 쉽고 친근하게 선조의 씨족사를 이야기하고 선조의 발자취를 보여줌으로써 자긍심을 키우고 미래를 밝혀줄 바른 정신을 전하고자 하는데 있음을 밝혀둡니다.

3. 본 서(書)는 각 성씨별, 관향별 종친회(宗親會)와 그 외 각 지파(支派)에서 발간해온 보첩과 자료를 주로 참고하였으며, 일반 서적과 사전류에 수록된 내용들도 발췌 정리하여 엮음으로써 가능한 한 많은 내용을 담도록 노력하였습니다.

4. 수록된 관향의 순서는 가나다순(順)으로 하였으나 편집의 편의상 선후가 바뀔 수도 있음에 양혜를 구하며, 인물의 경우 계대를 따르는 것을 원칙으로 하였으나 여의치 않을 경우 대략적인 활동 연대순을 따랐습니다.

5. 각 본관별(本貫別) 내용 구성은 먼저 주요 선조의 유적 유물 사진을 수록하고, 연원(淵源)과 씨족사(氏族史), 세계(世系)와 행렬(行列) 등을 한눈에 이해하기 쉽게 정리하고, 그리고 역대 주요 명현(名賢)의 생애와 업적을 이해하기 쉬운 약전(略傳) 형식으로 수록하였습니다.

6. 수록한 내용과 인물들은 삼국유사《三國遺事》,삼국사기《三國史記》,고려사《高麗史》,조선왕조실록《朝鮮王朝實錄》,고려공신전《高麗功臣傳》,국조방목《國朝榜目》등의 일반 사료(史料)의 기록을 기반으로 하여 각 성씨별 문중(門中)에서 발행한의 보첩에 나타나 있는 명현(名賢)을 망라하였으나 자료의 미비로 부득이 누락된 분들은 다음 기회에 보완 개정하고자 합니다.

밀양박씨

密陽朴氏

연원과 씨족사(淵源과 氏族史)

시조 및 본관의 유래(始祖 및 本貫의 由來)

시조 박혁거세(始祖 朴赫居世)

《삼국사기(三國史記)》에 이르기를, "고조선의 유민(遺民)들이 동해가 산 곡간(山谷間)에 흩어져 살며 여섯 마을을 이루고 살면서 군주가 없음을 민망하게 여겨서 육부촌장(六部村長)이 알천(閼川)에 모여 삼일동안 목욕재계(沐浴齋戒)하고 제사를 드리고 있던 서기전(西紀前) 69년 3월 1일에 고허촌장(古墟村長) 소벌공(蘇伐公)이 양산(楊山)기슭을 바라보니 나정(蘿井)의 숲 사이에 오색구름이 떠오르고 말 한필이 꿇어 앉아 울고 있으며 신선(神仙)이 엎드려 절하는 형상을 하고 있었다. 기이하여 그곳에 가보니 말은 보이지 아니하고 큰 박 같기도 하고 알 같기도 한 포(胞)가 있어 이를 헤쳐 보니 그 속에서 의형(儀形)이 단정하고 아름다운 사내아이가 나왔다. 동천에 목욕시키니 몸에서 광채가 나고 새와 짐승들이 모두 춤을 추고 일월이 청명하였다." 고 하였다. 기원전 57년 4월 병진(丙辰)일에 즉위하여 박혁거세(朴赫居世)라 이르고 '박(朴)'으로써 성(姓)을 정하였다.

밀양박씨(密陽朴氏)

관조 박언침(貫祖 朴彦忱)

밀양박씨(密陽朴氏)의 관조(貫祖) 박언침(朴彦枕)은 박혁거세의 29세손인 신라 경명왕 박승영(朴昇英)의 첫째 아들로 밀성대군(密城大君)에 봉해지므로 후손들이 그를 시조로 하고 본관을 밀양으로 하였다. 밀양 박씨는 우리 나라 박씨의 제일 종가로 여기에서 10여 개의 본관으로 나뉘어졌고, 밀양박씨 내에서도 여러 개로 분파되고 다시 또 여러 파로 다시 나뉘어져서 전체를 모두 파악하기는 쉽지 않다.

대군부(大君府)에 있는 이궁대(離宮臺), 풍류현 세루정(風流峴 洗陋亭)은 신라왕들이 거동하여 휴식을 취하면서 정사를 구상하던 곳이라 하는데, 대군은 경명왕의 맏아들인 고로 이 고을로 피봉(被封)되었다. 대군이 밀성(密城)으로 봉군(封君)된 후 자손이 천년에 지파(支派)가 번연(繁衍)하고 세상에서 이름난 재상과 선비가 많이 탄생하였고 우리나라의 거족(擧族)이 되었다. 대군의 배위와 묘소는 알지 못하고 구설(舊說)에 영남루(嶺南樓) 광장이 그 유지(遺地)라 전해 오던 중 1634년 갑술(甲戌)에 밀양부사 이유달(李惟達)이 외손(外孫)으로서 후손 국담공(菊潭公) 수춘(壽春)과 조묘(祖廟) 창건을 논의하다가 이루지 못하고 영남루상에 설위(設位) 봉사(奉祀)한 바 있으나 수백 년간 성취하지 못하였다. 서기 1922년 여름에 폭우로 인하여 영남루 광장이 지궤(地潰)되어 거광(巨壙)이 나타났으나 고징(考徵)이 없어 그 자리에 단을 모으고 봉향하였다. 1978년 제단이 상망(相

望)하는 삼한병공 도대장군의 익성사(翊聖祠) 치제소(致祭所)인 추화재(推火齋) 옛터에 창건하고 정당을 밀성재, 동재를 추화재, 서재를 세누정, 대문을 동원문이라 하였다. 밀성재(密城齋)는 밀성대군과 삼한벽공 도대장군 내외분의 소상(塑像)과 요동 독포사의 위패를 봉안하고 있다. 후손들이 의논을 합하여 신라선원보(新羅璿源譜)를 간행(刊行)하여 대군의 소목(昭穆)을 차례로 밝혔다. 밀양(密陽)은 본래 신라의 추화군(推火郡)이니 속현(屬縣)은 오산(五山) 상산(尙山) 약산(藥山) 밀진(密津) 오악(烏岳) 형산(荊山) 소산(蘇山)이었다가 밀성군(密城郡)으로 고쳐 감무(監務)를 두었고 신라 말기에 경명왕이 맏아들 박언침(朴彦忱)을 대군으로 봉하여 식읍(食邑)하였다. 고려 성종때에 밀주(密州)로 바꾸어 이곳에 자사(刺使)를 두었고 충렬왕 원년에 귀화(歸化)로 강등하였다가 뒤에 복호(復號)하고 공양왕(恭讓王)때에 증조비박씨의 아버지 익양후(益陽侯)의 고향이라 밀양부(密陽府)로 승격하여 조선조(朝鮮朝)를 거쳐 오늘에 이르고 있다.

중조 규정공 박현(中祖 糾正公 朴鉉)

박현(朴鉉)은 본관은 밀양으로 시조왕의 45세손이로 관조 밀성대군의 16세손이시며, 밀성군(密城君) 유효(惟孝)의 손자로 밀성군(密城君) 흥(興)의 아들이다. 여조(麗朝)에 사헌부 규정(司憲府糾正)을 지냈다. 수교 충절록(受敎忠節錄)에 "박현(朴鉉)은 인의(仁義)를 베풀고 충효(忠孝)를 하는데 공과 같은 사람이 동방도학(東方道學)의 조종(祖宗)이라" 하였으며, 대사성

밀양박씨(密陽朴氏)

이문정공(大司成李文靖公)은 글을 올려서 "박현을 승의전과 공자묘에 다 같이 제사하기를 사(賜)하라" 하였으며, 전부(田傅)는 말하기를, "규정공 박현은 크게 글의 풍토를 일으키고 몸을 나라에 순절하여 천리를 밝혀서 멀리 퍼지도록 하였다" 하였고, "문성공 안유(安裕), 문헌공 최충(崔沖) 등이 한 몸이다" 라고 칭송하였다.

밀양박씨 분파(密陽朴氏 分派)

밀성대군의 후손 중에 12분이 현달(顯達)하였는데, 밀성부원군(密城府院君) 박언부(朴彦孚)와 사헌부 규정(司憲府糾正) 박현(朴鉉)과 사문진사(四門進士) 박원(朴元)과 밀직부원군(密直府院君) 박중미(朴中美)와 밀성군(密城君) 박척(朴陟)과 도평의사(都平議事) 박언상(朴彦祥)과 밀직군(密直君) 박언인(朴彦仁)과 밀직부사(密直副使) 박양언(朴良彦)과 영동정(令同正) 박원광(朴元光)과 판도판각(版圖版閣) 박천익(朴天翊)과 삼사좌윤(三四左尹) 박을재(朴乙材)와 정국군(靖國君) 박위(朴葳)이다.

이렇게 박언침(朴彦忱)이 밀성대군(密城大君)에 봉해진 후 8세손 박언부(朴彦孚), 8세손 박언상(朴彦祥), 8세손 박언인(朴彦仁), 8세손 박언양(朴彦良), 8세손 박천익(朴天翊), 8세손 박을재(朴乙材), 13세손 박원광(朴元光), 15세손 박중미(朴中美), 16세손 박현(朴鉉) 등 크게 12파로 나누어졌고, 후대에 다시 여러 파로 분파되었고, 손자 박난(朴瀾)의 후손 중에서 10여개 본관으로 분파되어있으니 박난(朴瀾)의 8세손 박항(朴恒)은 영암박씨

(靈巖朴氏), 10세손 박원의(朴元義)는 태안박씨(泰安朴氏), 11세손 박진문(朴進文)은 진원박씨(珍原朴氏), 12세손 박응주(朴應珠)는 반남박씨(潘南朴氏), 13세손 박종우(朴從愚)는 운성박씨(雲城朴氏), 13세손 박화규(朴華奎)는 진주박씨(晋州朴氏), 13세손 박취생(朴就生)은 나주박씨(羅州朴氏), 13세손 박천(朴葳)은 구산박씨(龜山朴氏), 14세손 박령(朴齡)은 창원박씨(昌原朴氏), 15세손 박의중(朴宜中)은 문의박씨(文義朴氏), 18세손 박지석(朴之碩)은 여주박씨(驪州朴氏)를 1세조로 하여 각각 분적(分籍)하였다.

밀양박씨(密陽朴氏)

본관지 연혁(本貫地 沿革)

　밀양(密陽)은 지금의 밀양시 일원에 있던 지명으로 삼한시대에 변한(弁韓)의 일부로 가락국(駕洛國)에 속했으며 미리미동국(彌離彌東國)이 있었다고 한다. 법흥왕 때 신라에 병합되어 추화군(推火郡, 밀벌 또는 미리벌)이 설치되었다가, 757년(경덕왕 16)에 밀성군(密城郡)으로 개편하였다. 995년(고려 성종 16)에는 밀주(密州)로 개칭하였고, 1018년(현종 9)에 밀성군(密城郡)으로 개편되었다. 1275년(충렬왕 1)에는 군민의 모반 사건으로 귀화부곡(歸化部曲)으로 강등되어 계림부(鷄林府)에 편입되었다가 후에 현으로 승격하였다. 1285년에는 군으로 승격되었으나 다시 현으로 강등되었다가 1390년(공양왕 2)에 밀양부로 승격하였다. 조선 1415년(태종 15)에 밀양도호부가 되었다가 1895년(고종 32) 지방제도 개정으로 경상남도 밀양군이 되었다. 1918년에는 부내면이 밀양면으로 개칭되고 1931년에 밀양읍으로, 1989년 시로 승격하여 독립하였다. 1995년 밀양군이 밀양시에 통합되었다.

밀양박씨(密陽朴氏)

씨족사 개요(氏族史 概要)

각 계통별로 두드러진 인맥(人脈)을 살펴보면, 종파(宗派)인 8세손 박언부(朴彦孚)가 고려 문종조에 문과에 급제하여 권신(權臣) 최충(崔冲)과 함께 태사(太師)를 지내고 문하시중과 도평의사를 거쳐 밀성부원군에 봉해졌으며, 그 후손에서 은산군(銀山君) 박영균(朴永均)을 비롯한 12세의 파가 형성되었다. 밀성부원군 박언부의 차남 박의신(朴義臣)의 후손에서는 사문진사(四門進士) 박원(朴元)의 계통과 의흥위(義興衛)로 밀성군에 봉해진 박척(朴陟)의 인맥이 두드러진다. 고려 공민왕조에 문과에 급제하여 사헌부 박규정(朴糾正)을 역임했던 박현(朴鉉)은 밀성부원군 태사 박언부의 9세손으로 성리학에도 밝은 학자로 명망이 높았고 청백리로 세간의 칭송을 받았으며 후대에 훌륭한 인물이 많이 배출되어 가세를 크게 일으켰다. 그 후손이 조선조에 이르러 문과급제(文科及第) 261명, 상신(相臣) 1명 대제학(大提學) 1명 호당(湖堂) 4명 공신(功臣) 10명 장신(將臣) 1명 등의 명공거경(名公去卿)과 도덕문장(道德文章) 및 충신효열(忠臣孝烈)을 배출하였다.

밀양박씨(密陽朴氏)

항렬과 세계(行列과 世系)

항렬표(行列表)

밀성부원군파(密城府院君派 : 彦孚)

세	항렬자	세	항렬자	세	항렬자
27	熙(희)·烋(휴)	28	奎(규)·基(기)	29	鏞(용)·善(선)
30	洙(수)·洽(흡)	31	秉(병)·棋(기)	32	燉(돈)·燁(엽)
33	重(중)·南(남)	34	鎬(호)·鎔(용)	35	洛(락)·泳(영)
36	東(동)·柱(주)	37	炳(병)·炫(현)	38	憲(헌)·錫(석)

밀성군파(密城君 : 彦仁)

세	항렬자	세	항렬자	세	항렬자
27	善(선)·濬(준)	28	泳(영)·柱(주)	29	根(근)·然(연)
30	裕(유)·種(종)	31	喜(희)·鏞(용)	32	常(상)·海(해)
33	淵(연)·植(식)	34	和(화)·思(사)	35	炳(병)·城(성)

청재공파(淸齋公派 : 審問)

세	항렬자	세	항렬자	세	항렬자
15	鎬(호)	16	淵(연)·受(수)	17	林(림)·杓(표)·勳(훈)
18	憲(헌)·容(용)·性(성)	19	培(배)·均(균)	20	鍾(종)·鎭(진)
21	洙(수)·源(원)	22	秉(병)·東(동)	23	愚(우)·應(응)
24	在(재)·圭(규)	25	善(선)·鎔(용)	26	泳(영)·淇(기)
27	根(근)·柱(주)	28	昌(창)·夏(하)	29	基(기)·璋(장)
30	鏞(용)·商(상)	31	浩(호)·淳(순)	32	柄(병)·楨(정)
33	悅(열)·爀(혁)	34	塡(진)·琦(기)	35	銖(수)·欽(흠)
36	泰(태)·漢(한)	37	桓(환)·植(식)	38	忠(충)·炯(형)
39	珉(민)·埈(준)	40	鈺(옥)·銖(수)		

밀양박씨(密陽朴氏)

양산군파(梁山君派 : 景仁)

세	항 렬 자	세	항 렬 자	세	항 렬 자
23	秉(병)	24	容(용)	25	遠(원)
26	商(상)	27	濬(준)	28	柱(주)
29	然(연)	30	種(종)	31	鏞(용)
32	海(해)	33	稙(직)	34	思(사)
35	城(성)	36	冀(기)	37	鳳(봉)
38	汀(정)	39	來(래)	40	炯(형)
41	培(배)	42	鏋(만)		

참판공파(參判公派 : 訥生)

세	항 렬 자	세	항 렬 자	세	항 렬 자
32	海(해)	33	權(권)	34	炫(현)
35	執(집)	36	鎔(용)	37	泓(홍)
38	秊(년)	39	黙(묵)		

밀양박씨(密陽朴氏)

초암공파(草庵公派 : 麟祐)

세	항렬자	세	항렬자	세	항렬자
16	準(준)	17	和(화)	18	應(응)
19	圭(규)	20	商(상)·鍾(종)	21	淳(순)·洙(수)
22	仁(인)·修(수)	23	煥(환)·炫(현)	24	基(기)·在(재)
25	鉉(현)·銘(명)	26	永(영)·泰(태)	27	根(근)·模(모)
28	炳(병)·憲(헌)	29	培(배)·均(균)	30	錫(석)·會(회)

충헌공파(忠憲公派 : 陟)

세	항렬자	세	항렬자	세	항렬자
25	光(광)·勳(훈)	26	壽(수)·羲(희)	27	善(선)·錫(석)·鉉(현)
28	永(영)	29	根(근)	30	裕(유)
31	喜(희)·坤(곤)	32	鍾(종)·銀(은)	33	泰(태)·淵(연)
34	相(상)·植(식)	35	思(사)·炯(형)	36	均(균)·基(기)
37	鎭(진)·鎔(용)	38	永(영)·漢(한)	39	東(동)
40	煥(환)·烈(렬)	41	培(배)		

이악당공파(二樂堂公派 : 興居)

세	항렬자	세	항렬자	세	항렬자
27	用(용)	28	世(세)	29	昞(병)
30	寧(녕)·正(정)	31	載(재)	32	紀(기)
33	鏞(용)	34	宰(재)	35	熏(훈)
36	揆(규)				

행산파(杏山派 : 世均)

세	항렬자	세	항렬자	세	항렬자
25	根(근)·東(동)	26	炳(병)·炯(형)	27	基(기)·圭(규)
28	鍾(종)·鎔(용)	29	泰(태)·淳(순)	30	相(상)·秉(병)
31	煥(환)·炫(현)	32	起(기)·遠(원)		

절도사공파(節度使公派 : 大孫)

세	항렬자	세	항렬자	세	항렬자
24	顯(현)·烈(렬)	25	在(재)·載(재)	26	鍾(종)·鎬(호)
27	泰(태)·濟(제)	28	東(동)·相(상)	29	炯(형)·熏(훈)
30	喆(철)·均(균)	31	鍊(련)·善(선)	32	源(원)·湜(식)
33	秉(병)·柱(주)	34	壽(수)·爀(혁)	35	墩(돈)·吉(길)
36	會(회)·鏞(용)	37	承(승)·澤(택)	38	椿(춘)·杰(걸)
39	炅(경)·光(광)	40	堤(제)·城(성)	41	兌(태)·鈴(령)
42	海(해)·潤(윤)	43	權(권)·榮(영)	44	燉(돈)·熙(희)
45	仕(사)·堯(요)	46	錄(록)·鈺(옥)	47	浚(준)
48	樂(락)·業(업)	49	然(연)·燦(찬)	50	坤(곤)·壽(수)

판도판각공(版圖判閣公派 : 天翊)

세	항렬자	세	항렬자	세	항렬자
29	漢(한)	30	彬(빈)	31	炳(병)
32	圭(규)	33	鎔(용)	34	泳(영)
35	東(동)	36	熙(희)	37	在(재)
38	鎬(호)	39	泰(태)	40	根(근)

규정공파(糾正公派 : 鉉)

세	항렬자
24	性(성)·魯(로)·培(배)·鍾(종)
25	圭(규)·信(신)·在(재)·鍾(종)·雨(우)
26	鍾(종)·商(상)·鏞(용)·洙(수)·秉(병)
27	淳(순)·洙(수)·浩(호)·秉(병)·熙(희)
28	相(상)·柱(주)·東(동)·愚(우)·基(기)
29	容(용)·熙(희)·烈(렬)·圭(규)·鈴(령)
30	重(중)·喜(희)·埈(준)·善(선)·永(영)
31	鎔(용)·九(구)·欽(흠)·泳(영)·桂(계)
32	漢(한)·潤(윤)·海(해)·相(상)·燦(찬)
33	植(식)·根(근)·彬(빈)·恒(항)·珪(규)
34	憲(헌)·應(응)·然(연)·基(기)·鐵(철)
35	培(배)·均(균)·堯(요)·洪(홍)
36	善(선)·鈺(옥)·銖(수)·根(근)

밀양박씨(密陽朴氏)

밀원부원군파(密原府院君派)

세	항렬자	세	항렬자	세	항렬자
20	源(원)·淳(순)	21	秉(병)·仁(인)	22	燮(섭)·烈(렬)
23	聖(성)·堯(요)	24	鎬(호)·鐸(탁)	25	潤(윤)·海(해)
26	東(동)·穆(목)	27	愚(우)·燉(돈)	28	周(주)·喜(희)
29	鏞(용)·鎰(일)	30	滿(만)·洛(락)	31	秀(수)·根(근)

밀양박씨(密陽朴氏)

세계도(世系圖)

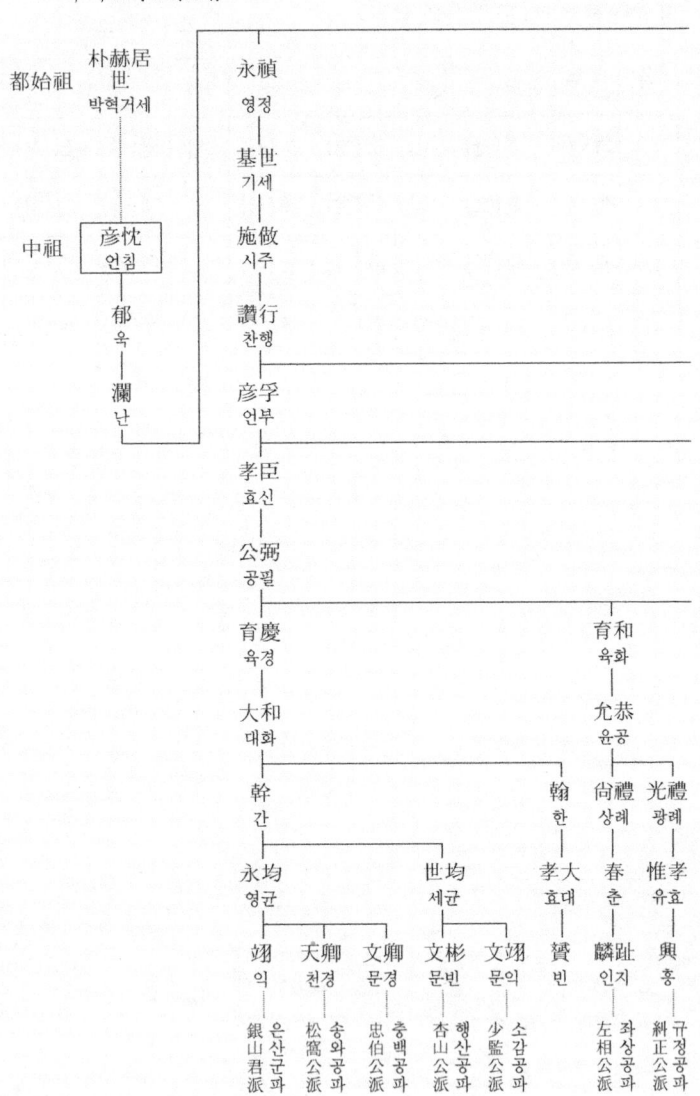

밀양박씨(密陽朴氏)

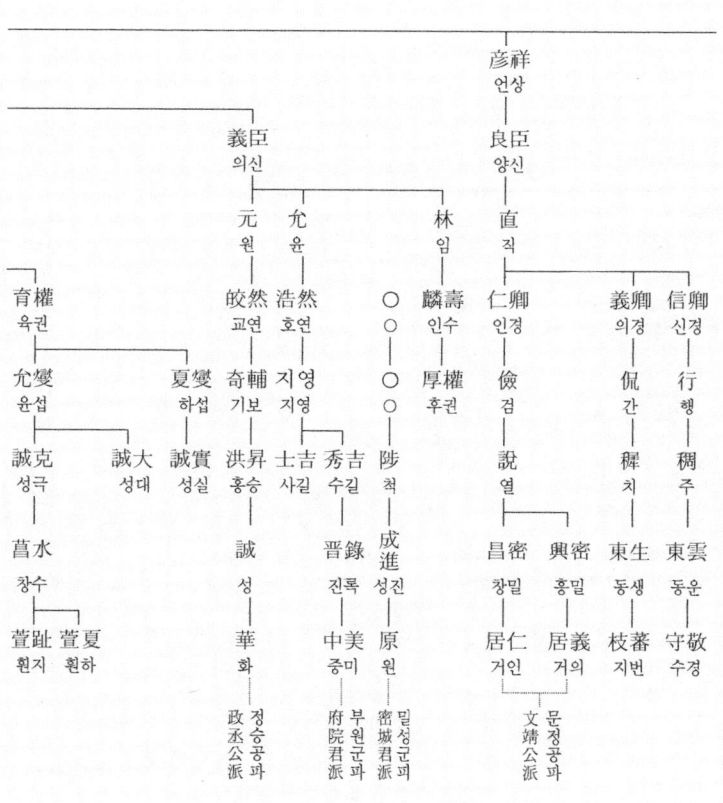

밀양박씨(密陽朴氏)

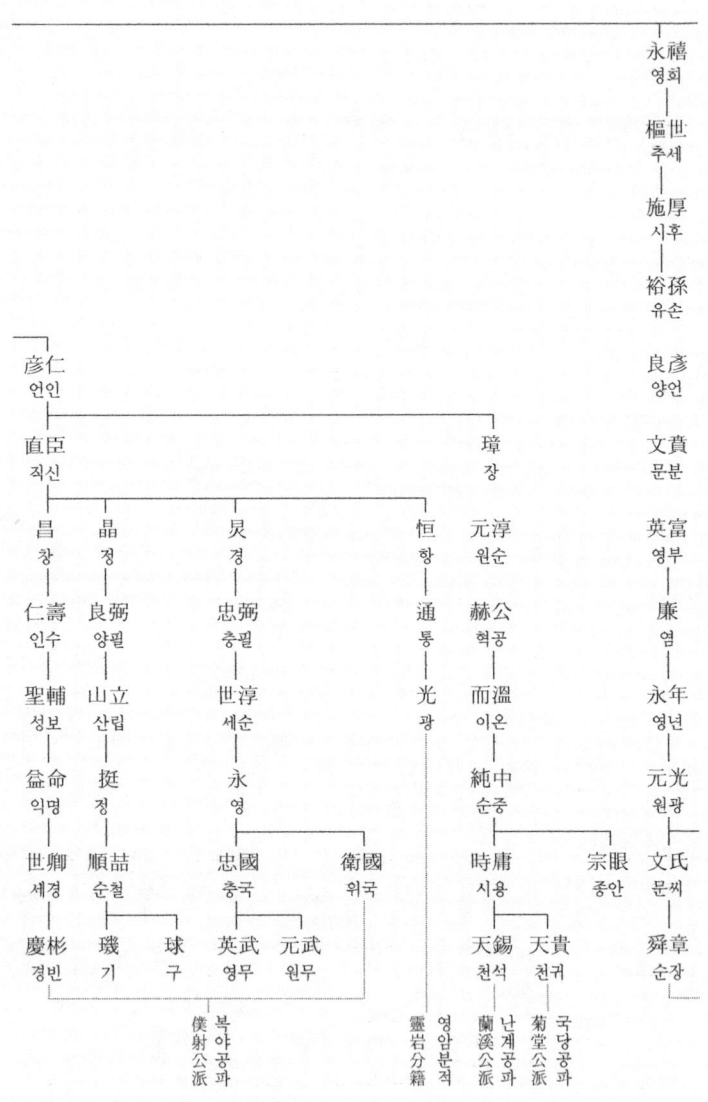

밀양박씨(密陽朴氏)

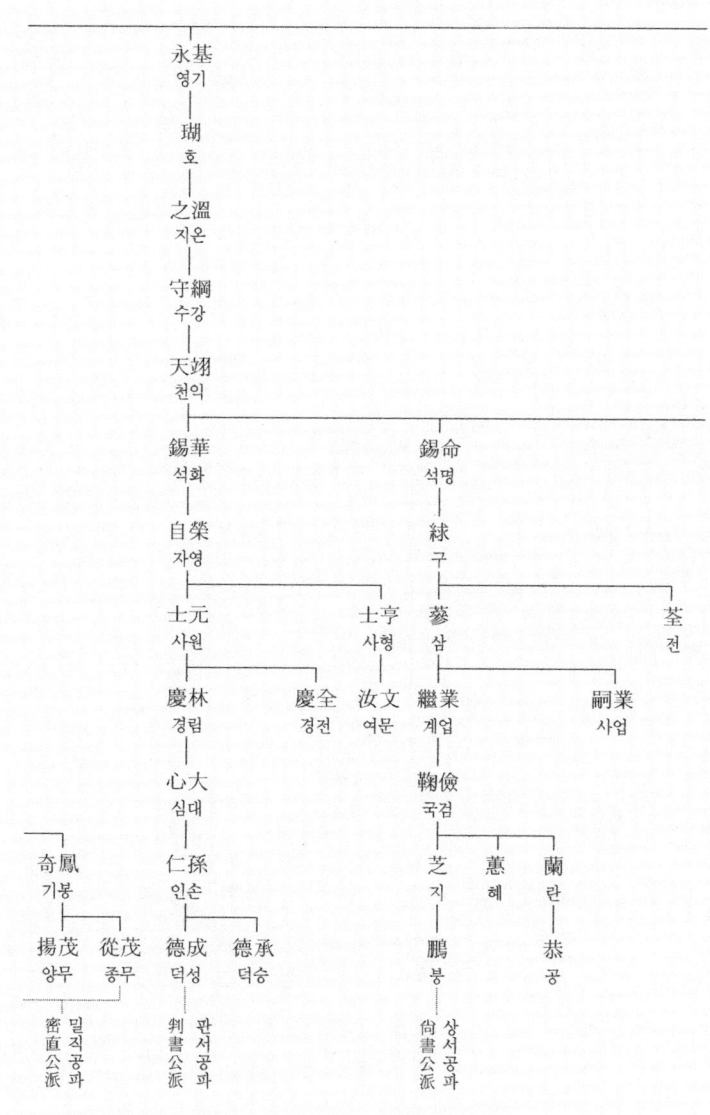

밀양박씨(密陽朴氏)

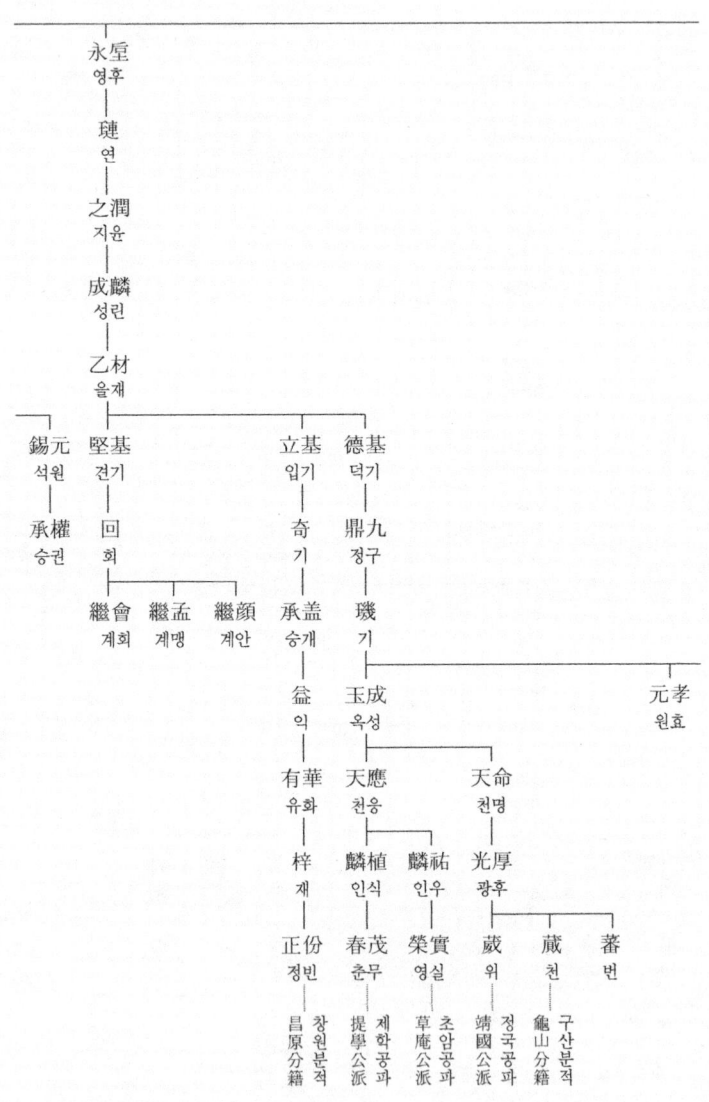

밀양박씨(密陽朴氏)

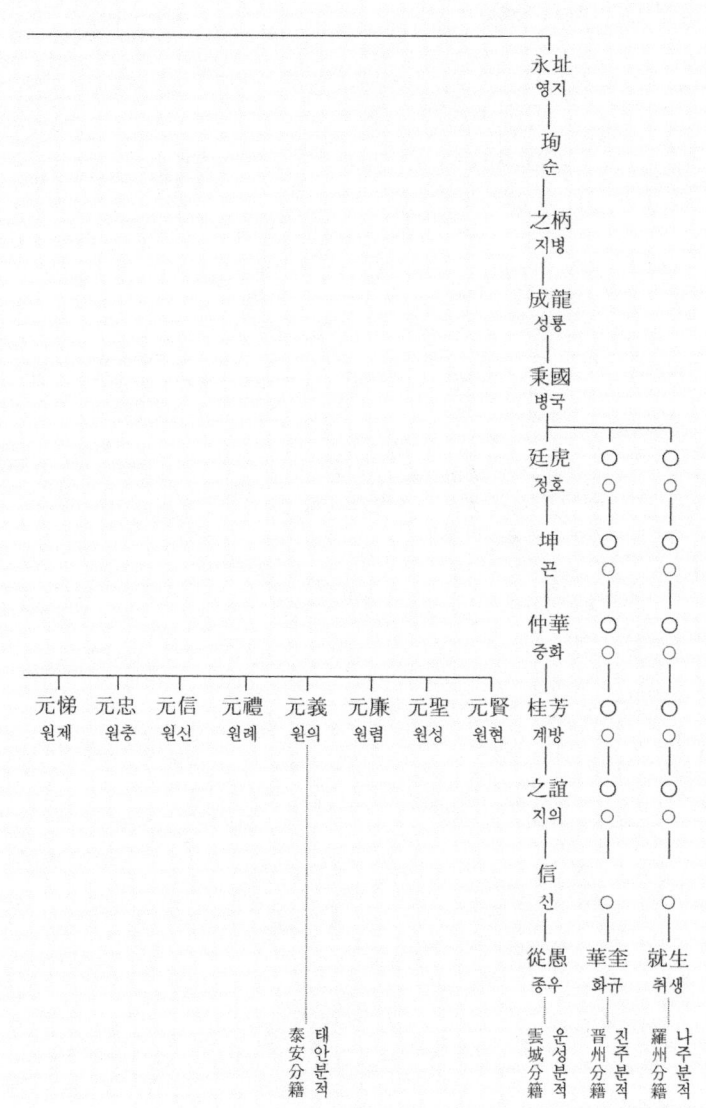

밀양박씨(密陽朴氏)

규정공파(糾正公派)

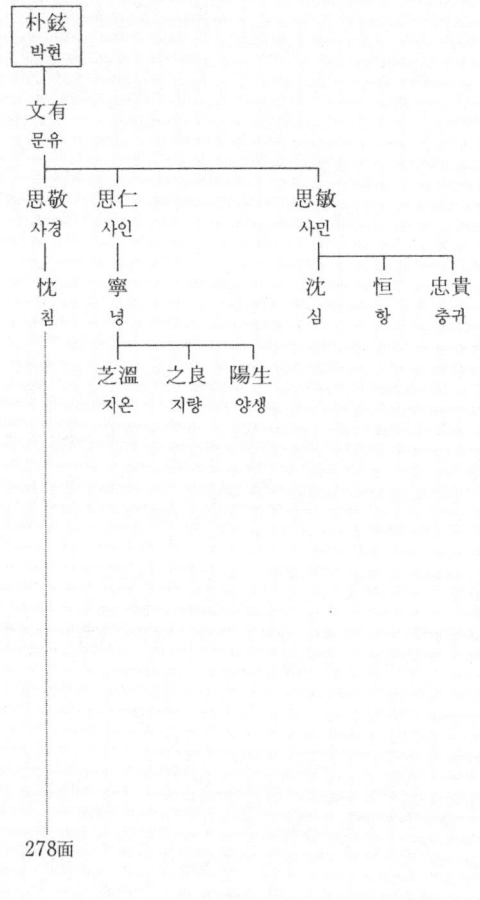

밀양박씨(密陽朴氏)

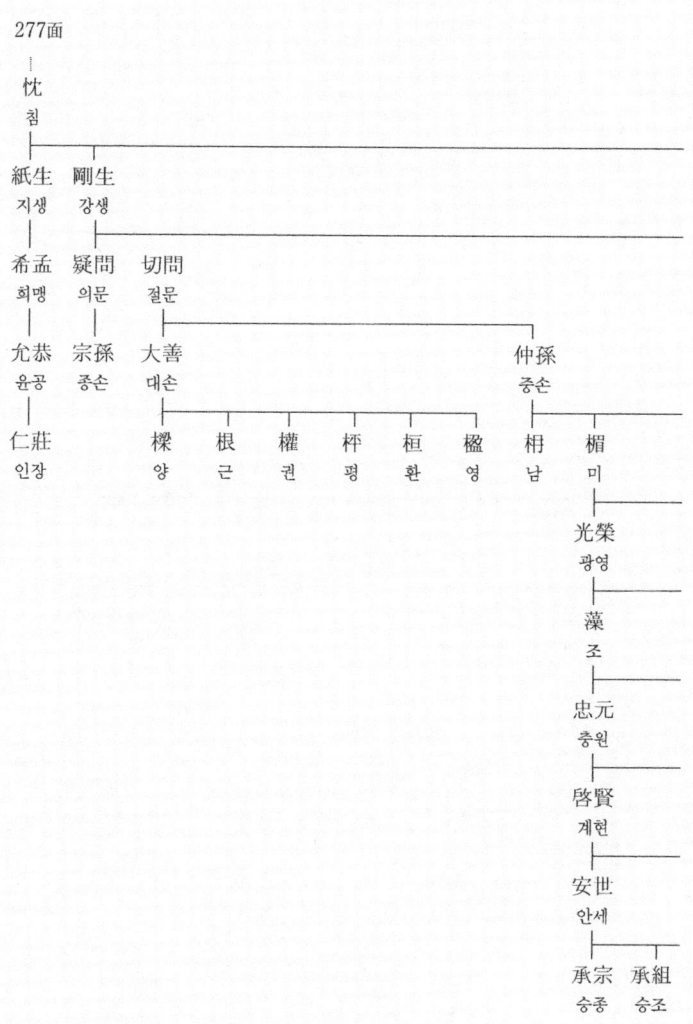

밀양박씨(密陽朴氏)

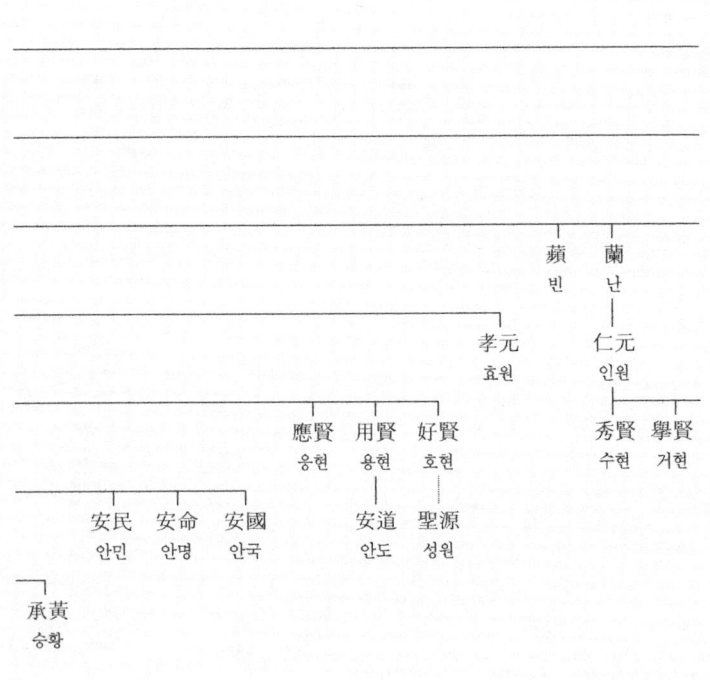

밀양박씨(密陽朴氏)

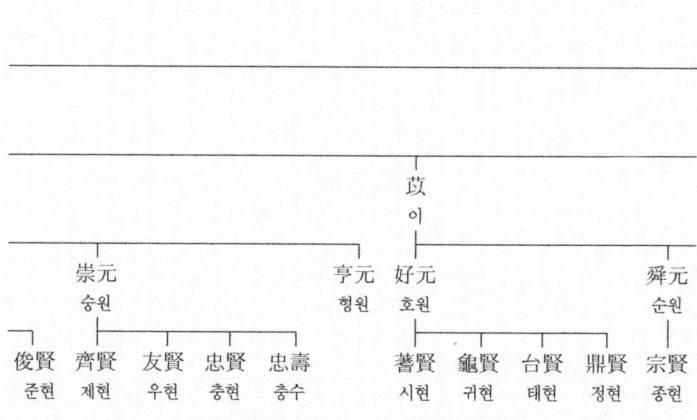

밀양박씨(密陽朴氏)

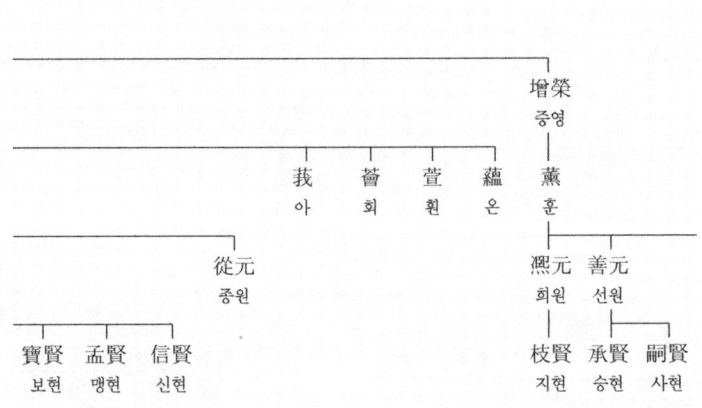

밀양박씨(密陽朴氏)

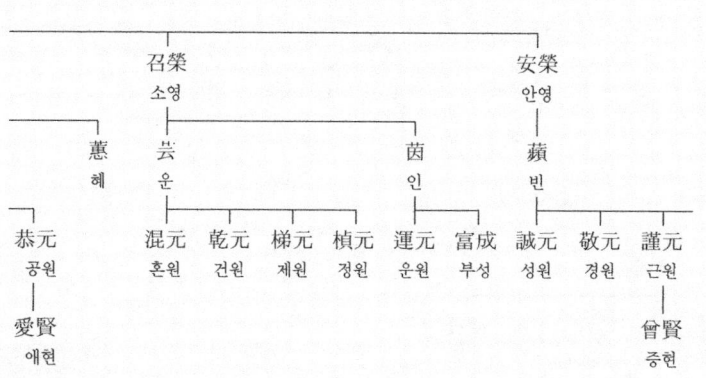

밀양박씨(密陽朴氏)

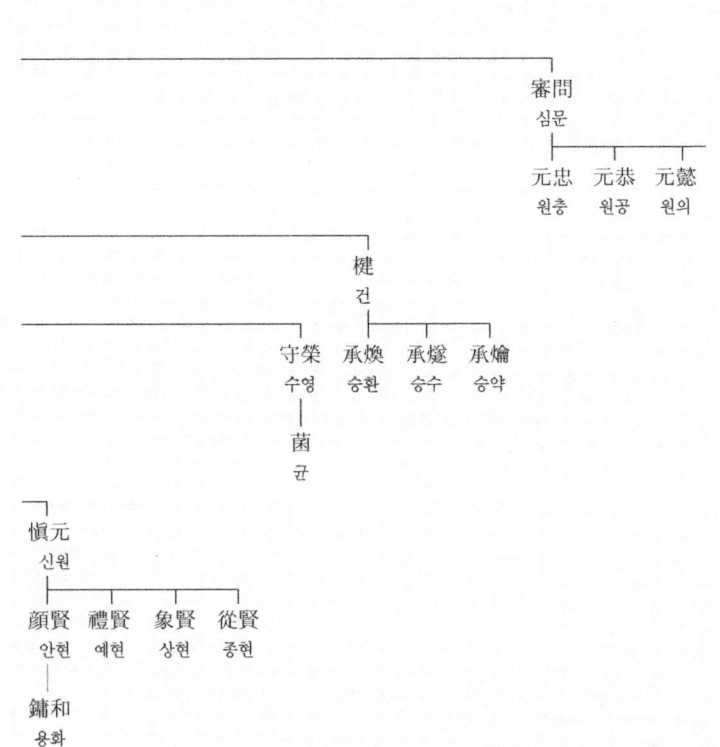

밀양박씨(密陽朴氏)

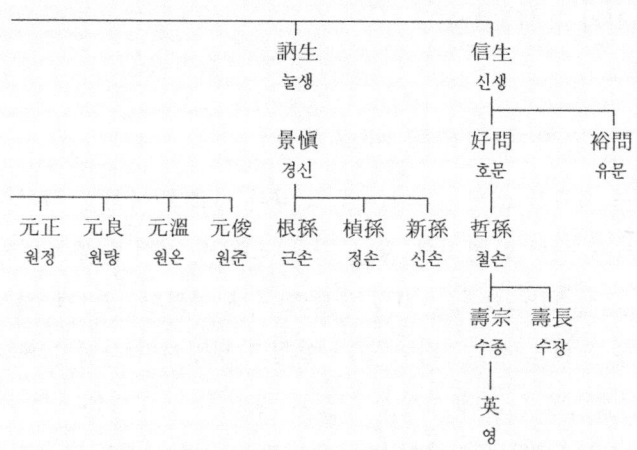

밀양박씨(密陽朴氏)

역대 주요 인물(歷代 主要 人物)

신라시대(新羅時代)

시조 박혁거세(始祖 朴赫居世)

재위는 기원전 69년~서기 4년. 신라의 시조로 기원전 57년 4월 13세의 나이로 왕위에 올라 왕호(王號)를 거서간(居西干)이라 하고 국호(國號)를 서라벌(徐羅伐)이라 하였다. 5년에 알영(閼英)을 왕비로 삼았는데 마음이 어질고 행실리 착하시어 내조를 잘하였으므로 그때 사람들이 왕과 왕비를 두 성인(聖人)이라 하였다. 61년 3월에 임금이 돌아가시므로 담엄사(曇嚴寺) 북쪽의 오릉(五陵)에 장사하였다.

2대 남해왕(南解王 : 朴愍解)

재위는 서기 4년~24년. 서기 4년 7월에 왕위에 오르고 왕호(王號)를 차차웅(次次雄)이라 하였다. 2년에 운제부인 김씨를 왕비(王妃)로 봉하고 운제왕후(雲帝王后)라 추존하였다. 계비로 석씨(昔氏)를 아루왕후(阿妻王后)라 하였다. 3년 정월에 시조묘(始祖廟)를 세우고 친히 사시제(四時祭)를 받들다. 21년 9월에 황재(蝗災)가 있었다. 이때 왕이 돌아가시어 오능원(五陵園)에 장사지냈다.

3대 유리왕(儒理王 : 朴治理)

재위는 24년~56년. 서기 24년 9월에 즉위하고 왕호를 이사금(尼師今)이라 하였다. 어머니는 운제왕후 김씨이며, 왕비는 갈문왕(葛文王) 김일여(金日如)의 딸이다. 2년(서기 25년) 2월에 왕은 친히 시조묘(始祖廟)에 제사를 지내고 죄인들을 대사(大赦)하였다. 민속(民俗)이 환강(歡康)하여 처음으로 도솔가(兜率歌)를 지어 부르니 가악(歌樂)의 시초가 되었다. 9년(서기 32) 봄에 육부(六部)의 이름을 고치고 성을 이(李), 최(崔), 손(孫), 정(鄭), 배(裵), 설(薛), 이라 하고 이벌찬(伊伐湌) 등 17가지 벼슬을 만들었다. 왕은 육부를 정한 후에 왕녀(王女) 두 사람으로부터 각각 부내의 여자를 거느리게 하여 7월 16일부터 날마다 큰 부(部)의 뜰에 모여 길삼하여 밤늦게(二更) 야일을 파하고 8월 15일에 이르러 공의 다소를 살펴서 진편에서는 음식을 마련하여 이긴 편에 사례하고 모두 노래와 춤과 온갖 놀이를 하였는데 이것이 추석 명절의 시초이다. 34년(서기 57년) 9월에 왕은 "탈해(脫解)는 그 몸이 국척에 연결되고 벼슬이 보신(輔臣) 자리에 있으면서 여러 번 공을 세웠다. 짐의 두 아들은 그 재능이 훨씬 미치지 못하니 짐이 죽은 뒤에는 탈해를 즉위케 하라" 하며 유훈(遺訓)을 남겼다. 10월에 왕이 돌아가시니 오릉원(五陵園)에 장사하였다.

5대 파사왕(婆娑王)

재위는 80년~111년. 왕호를 파사이사금(婆娑尼師今)이라 하고 서기 80년에 유리왕의 둘째 아들로 즉위하였다. 왕비는 김씨 사성부인(金氏史省夫人)으로 갈문왕 허루(葛文王許婁)의 따님이다. 2년(서기 81) 2월에 왕은 친히 시조묘(始祖廟)에 제사지냈다. 3월에는 각주와 군을 돌면서 민심을 안정시키고 창고의 곡식을 풀어 백성을 구제하고 죄수들을 사형죄를 제외하고 모두 사면하였다. 왕은 경주알천(慶州閼川)에서 열병식(閱兵式)을 하였다. 22년(서기 101) 2월에 궁성을 쌓아 월성(月城)이라 불렀다. 7월에 왕은 월성으로 이주하였다. 29년(서기 108년)에 비지국(比只國), 다벌국(多伐國), 초팔국(草八國)을 정벌하였다. 33년(서기 112) 10월 왕이 돌아가시므로 오릉원에 장사하였다.

6대 지마왕(祗摩王)

재위는 112년~132년. 왕호(王號)를 지마이사금(祗摩尼師今)이라 하고 서기 112년에 즉위하였다. 파사왕의 아들로 어머니는 사성부인이며, 비는 김씨 애례부인(愛禮夫人)으로 갈문왕마제(葛文王摩帝)의 딸이다. 2년(서기 113) 2월에 왕은 친히 시조묘에 제사를 지냈다. 21년(서기 132)에 왕이 돌아가셨다.

7대 박일성(朴逸聖)

재위는 133년~154년. 왕호(王號)를 일성이사금(逸聖尼師今)

이라 하고 서기 133년에 즉위 하였다. 왕은 유리왕의 장자이고 어머니는 운제부인이다. 비는 박씨로 지소례의 딸이다. 원년(서기 134) 9월에 죄수들을 대사하였다. 2년(서기 135년) 1월에 왕은 친히 시조묘에 제사를 지냈다. 5년(서기 138) 2월에 정사당(丁事堂)을 금성에 설치하였다. 7월에는 알천 서쪽에 대열(大閱)을 실시하였다. 10월에 왕이 북변을 순시하시며 친히 태백산에 제사지냈다. (서기 143) 2월에 궁성을 수리하였다. 11년(서기 144) 2월에 왕께서 분부하기를, "일, 농사는 정치의 근본이요, 이, 식량은 백성들이 가장 고귀하게 생각하는 것이니 모든 고을의 제방수리를 완전하게 하여 논밭을 널리 개척토록 하며, 삼, 백성들이 금, 은, 구슬, 옥을 쓰는 것을 금지토록 하라." 고 하였다. 15년(서기 148) 아도(阿道)를 봉하여 갈문왕을 삼았다. 21년(서기 154) 2월에 왕이 돌아가셨다.

8대 아달라이사금(阿達羅王尼師今)

재위는 154년~184년. 왕호를 아달라이사금(阿達羅尼師今)이라 서기 154년 2월에 즉위하였다. 일성왕의 장자로 어머니는 박씨로 지소례왕의 딸이다. 비(妃)는 지마왕(祇摩王)의 딸 내례부인(內禮夫人) 박씨이다. 157년 처음으로 감물(甘勿), 마산(馬山)의 두 현을 두고 죽령(竹嶺)의 길을 열었다. 165년 아찬 길선(吉宣)이 모반하였다가 백제로 달아나자 왕은 그의 송환을 요구하였으나 백제에서 응하지 않아 두 나라의 사이가 나빠졌다. 167년 백제가 신라 서쪽의 두 성을 격파하여 1000여 명의 백성을 잡아가자 군사 2만과 왕 스스로 8000기(騎)를 거느리고 나갔는데, 백제는 포로들을 석방하고 화친을 청하였다. 174년 왜국의 여왕 히미코[卑彌呼]가 사신을 보내왔다. 31년(서기 184) 3월에 왕이 돌아가시어 석탈해 왕의 손자 벌휴이사금(伐休尼師今)에게 양위하였다.

박벽방(朴碧芳)

시조왕의 6세손이며 아달라왕의 아들로 서기 184년에 갈문왕(葛文王)으로 추존(追尊)하였다.

박무영(朴武英)

갈문왕(葛文王) 박벽방(朴碧芳)의 아들로 서기 196년에 전산군(前山君)에 봉군되었다.

박판득(朴判得)

갈문왕(葛文王) 박벽방(朴碧芳)의 손자이며, 전산군(前山君) 박무영(朴武英)의 아들이다. 서기 230년에 조리군(朝理君)에 봉군되었다.

박광흠(朴光欽)

조리군(朝理君) 박판득(朴判得)의 아들로 서기 247년에 정후(正候)를 역임하고 서기 262년 대탄군(大誕君)에 봉군되었다.

박미일(朴美一)

대탄군(大誕君) 박광흠(朴光欽)의 아들로 미추왕 때에 도령(都領)을 지내고 서기 284년에 서산군(西山君)에 봉군되었다.

박내물(朴乃物)

서산군(西山君) 박미일(朴諱美一)의 아들로 서기 298년에 수도후(水道候)에 봉해졌다.

박상건(朴相建)

수도후(水道候) 박내물(朴乃物)의 아들로 서기 402년에 조서산후(朝胥山候)에 봉되었다.

박인엽(朴仁燁)

조서산후(朝胥山候) 박상건(朴相建)의 아들로 서기 417년에 대천군(大川君)에 봉군되었다.

박계보(朴啓輔)

대천군(大川君) 박인엽(朴仁燁)의 아들로 서기 458년에 대사도(大司徒)를 지내고 서기 479년에 태호변(太湖邊)에서 귀양살이를 하였다.

밀양박씨(密陽朴氏)

박명신(朴明信)

대사도(大司徒) 박계보(朴啓輔)의 아들로 서기 500년에 상조(上條)를 지내고 514년에 수후(水候)를 봉하였다.

박정환(朴貞環)

수후(水候) 박명신(朴明信)의 아들로 서기 540년에 낭후(浪候)를 봉하였다.

박로겸(朴露兼)

낭후(浪候) 박정환(朴貞環)의 아들로 서기 576년에 낭군(浪君)을 봉하고 서기 579년에 은일군(隱逸君)으로 봉군되었다.

박남선(朴楠善)

은일군(隱逸君) 박로겸(朴露兼)의 아들로 서기 632년에 거산대군에 봉군되었다.

박금산(朴金山)

거산대군(擧山大君) 박남선(朴楠善)의 아들로 서기 654년에 예시군(禮始君)에 봉군되고, 서기 661년에 승조(升條)에 이르렀다.

박응찬(朴應燦)

예시군(禮始君) 박승조(朴升條)의 아들로 서기 681년에 부산대군(府山大君)에 봉군되었으며, 서기 702년에 발해군(渤海君)이 되었다.

박덕흥(朴德興)

발해군(渤海君) 박응찬(朴應燦)의 아들로 서기 737년에 당후(唐候)를 봉하고, 서기 742년에 안정대군(安定大君)으로 봉군되었다.

박대녕(朴大寧)

안정대군(安定大君) 박덕흥(朴德興)의 아들로 서기 765년에 평후(萍候)로 봉되었고, 서기 780년에 은일군(隱逸君)으로 봉군되었다.

박이순(朴尼淳)

은일군(隱逸君) 박대녕(朴大寧)의 아들로 서기 785년에 낭후(浪候)로 봉되었다.

박융검(朴隆劍)

낭후(浪候) 박이순(朴尼淳)의 아들로 서기 809년에 승조(升條)를 지냈고, 서기 826년에 벽산군(碧山君)으로 봉군되었다.

밀양박씨(密陽朴氏)

박지곤(朴支坤)

벽산군(碧山君) 박융검(朴隆劒)의 아들로 서기 836년에 승조(升條)를 지냈고, 서기 840년에 수포대군(水浦大君)에 봉군되었다.

박성순(朴成順)

수포대군(水浦大君) 박지곤(朴之坤)의 아들로 서기 861년에 승조(升條)를 역임하고, 서기 875년에 동산대군(東山大君)으로 봉군되었다.

박예겸(朴乂謙)

시조왕 26세손 동산대군(東山大君) 박성순(朴成順)의 2남으로 서기 875년에 시중(侍中)이 되고, 서기 897년에 신령대군(神靈大君)에 봉군되어 대아찬(大阿湌)을 지냈다. 서기 911년에 아들 박경휘(朴景暉)가 신덕왕(神德王)으로 즉위하자 선성왕(宣聖王)에 추존(追尊)되고 부인을 정화태후(貞和太后)로 봉하였다.

53대 신덕왕(神德王 : 朴景暉)

재위는 912~917. 대아찬(大阿湌) 박예겸(朴乂謙)의 아들로 아달라왕의 24세손이며, 서기 912년 4월에 김씨 효공왕(孝恭王)이 죽자 아들이 없음으로 국민의 추대로 즉위하였다. 부인 김씨는 헌강왕의 딸로 의성왕후(義成王后)로 삼고 아들 박승영(朴昇英)을 세워 태자(太子)로 삼았다. 5월에 선고를 추존하여 선성왕

(宣聖王)으로 삼고 어머니를 정화태후(貞和太后)로 삼았다.

서기 915년(신덕왕 4) 6월에 참포(斬浦)물이 동해물과 서로 싸워 물길이 20길쯤 높이 솟고 3일 만에 그쳤다. 서기 916년(신덕왕 5) 8월에 견훤이 대야성을 공격하였으나 이길 승산이 없자 돌아갔다. 서기 917년(신덕왕 6) 7월에 왕이 돌아가시니 신덕(神德)이라 시호하고 죽성(竹城)에 장사하였다.

54대 경명왕(景明王 : 朴昇英)

재위는 917~923. 서기 917년 7월에 아버지 신덕왕의 뒤를 이어 54대 왕에 즉위하였다. 비는 석씨(昔氏)이며, 8월에 왕제 이손 위응(魏膺)을 상대등(上大等)으로 대아찬 유염(裕廉)을 시중(侍中)으로 삼았다. 4년(서기 920) 1월에 고려 태조 왕건과 수교하였다. 10월에 후백제 견훤이 보병과 기병 만 명을 거느리고 대야성을 함락하고 진례(進禮)로 진격하므로 왕은 아찬 김률(金律)을 고려에 파견하여 원병을 청하였다는 말을 듣고 견훤이 곧 물러갔다. 5년(서기921) 1월에 김률이 왕에게 말하기를, "신이 지난해에 사명을 받고 고려에 갔는데 왕건 왕이 신에게 묻기를. '신라에 삼보(三寶)가 있다고 들었는데, 소위 장육존상(丈六尊像)과 구층탑(九層塔)과 성대(聖帶)라 하는데 상, 탑은 아직 있거니와 성대는 지금까지 있는지 아직 알지 못하겠다.' 하므로 신은 능히 대답하지 못하였나이다." 하니 왕이 이 말을 듣고 군신들에게 묻기를, "성대란 어떤 보물인가?" 하니 아는 신하가 없다 하여 황룡사에 있는 90세 중에게 말하기를, "신이 일찍이 듣건대 성대는 진평왕(眞平王)의 따라하는 바 역대로 이를 전하여 남고(南庫)에 비장(秘藏)하고 있다 합니다." 하므로 왕은 날을 가려 제사를 드리고 성대를 찾아보니 금옥으로 꾸미니 심히 길어서 보통 사람들은 띨 수가 없었다. 8년(서기 924) 8월에 왕이 돌아가시어 경명(景明)이라 시호하고 황룡사 북쪽의 삼릉원에 장사하였다.

55대왕 경애왕(景哀王 : 朴魏膺)

재위는 924~926. 서기 924년 8월에 경명왕(景明王)의 친아우 위응(魏膺)이 즉위하였다. 비는 석씨이다. 9월에 고려에 사신을 보내어 수교하였다. 10월에 왕은 친히 나을 신궁에 나아가 제사하시고 죄수를 사면하였다.

3년(서기926) 1월에 고려가 백제를 정벌할 때 왕은 군사를 내어 지원하였다. 3월에 황룡사탑(黃龍寺塔)이 요동하여 북쪽으로 기울었다. 9월에 견훤이 고을부를 침범하므로 왕은 고려에 구원병을 요청하였으나 구원병이 도착하지 않았다. 11월에 견훤이 군사를 이끌고 신라의 서울가까이 쳐들어왔다. 이때 천년 사직(社稷)의 위태로움을 걱정한 왕은 친히 시조묘(始祖廟)에 나아가 정성을 다하여 국가의 안위(安危)를 기원하는 대제를 올리고 있었다. 견훤(甄萱)이 군사를 풀어 장안의 공사 재물을 약탈하고 궁궐로 들어가 좌우에 명하여 왕을 찾게 하였다. 군사들이 포석정을 습격하여 왕과 왕비는 물론 종척 및 공경대부와 사녀에 이르기까지 수난을 당하였다. 견훤은 왕을 죽이고 김부(金

傳)를 권지국사(權知國事)로 삼으니 이가 곧 56대 경순왕(敬順王) 김씨(金氏)이다.

박언침(朴彦忱)

경명왕(景明王) 박승영(朴昇英)의 장자로 밀성대군(密城大君)에 봉군되었다. 밀성부(密城府)는 신라왕이 순행했던 곳으로 이곳에 출봉(出封)되었다. 대군이 밀성(密城)으로 봉군된 후 자손이 살기를 천년에 지파(支派)가 번연하고 일국에 거족(擧族)이 되었다.

밀성대군단 사실(密城大君壇 事實)

단이 경상남도 밀양군 무봉산 아래 남천강 위에 영남루 북쪽 언덕에 있으니 곧 대군의 수봉한 궁성의 유지다.(사실이 《여지승람》과 권근의 《보조유사》에 실려있음)구보를 고찰하니 숭정7년 갑술(단기 3967년)에 현령 회와 수춘등 37인이 본부사 이유달과 이곳에 사당을 세워 대군을 향사하려 하였으나 이루지 못하고 이로부터 3백년간 뒷사람들이 개연히 뜻을 두고 선재의 이루지 못한 이 루고저 하였으나 일이 심히 중대하여 까마득히 합의치 못하였더니 신라 기원 1981년 갑자(서기 1924년)에 밀양의 종인이 주최하고 8도에 통고하여 크게 종회를 영남루에서 개최하고 설단하여 향사할 것을 건의 하니 이해 5월 3일이다. 원근에서 회의에 온사람이 천명이나 되는지라 말과 뜻이 통하여 비를 다듬었으니 4개월이 지나 공사를 마친지라 대견하다. 오래 하지 못한 일이 속하다면 속하고 쉽다면 쉽도다.

삼가 고찰하니 이 해(단기 4257년 서기 1924년) 전 임술윤 5월 13일에 큰 비가 쏟아져 겉 흙이 패인 뒤에 영남루 북쪽 뜰에 하나의 큰 묘자리 흔적이 있는지라 영남루 아래 있던 사람이 보고서 달려가 부근의 사는 박씨에게 말하여 여러 사람이 와서 보니 과연 오래된 묘자리라. 이에 전군수 박상일 교리 박해철 주사 박태진 박상억 등이 들은 즉시 살펴보고서 밀양의 부로들이 자고로 전해오는 말이 밀성대군의 묘소가 영남루 부근에 있다는 것이 과연 헛되고 허망한 소리가 아님을 이로써 믿음직하다. 그러나 이미 증명할 만한 고증이 없은 즉 그 신중하여할 도리에 의심이 없을 수 없고 또한 등한이 보아 넘길 일도 아니어서 이에 설단을 하고 비를 세워 별도로 제각을 세우고 향사를 하면 마음에 미안할 바 없고 의리에도 당연히 행하여야 할 일이므로 밀양과 청도의 두 고을 의 조인과 협의를 하여 단지 대부할 것을 관에 신청하니 익년 계해년 겨울 허가를 얻으니라. 이로 인하여 8도에 종회를 소집하여 결의를 거쳐 드디어 그 자리에 돌을 깔고 단을 모으고 단상에 비를 세우니 단지가 12평이라 면에 다듬은 돌을 깔고 상하 양방에 대를 쌓고 대 위에 돌아가며 석란 석주 20개를 세우니 고가 모두 길이 넘었다. 또 쇠줄에 옆에 석란과 석주를 꿰여 쳐서 사람이 들어오지 못하게 하고 한가운데의 축단한 비면에 밀성대군의 단이라 쓰고 전면에 향료를 두고 향로 양쪽에 아래로 무장관 대석을 세우고 문 주위에 두 개의 등군 율 장명등을 꽂아 놓고 쇠로 자물쇠를 놓아 사람이 들어오는 것을 금하고 문밖 두 곁에 석대위에 각각 사자석이 있다.

밀양박씨(密陽朴氏)

밀성대군 단비명 병서(密城大君壇碑銘竝書)

대군은 신라왕자요 성은 박씨이며 휘는 언침이요, 연대가 멀어서 후손들의 세첩 중에는 혹 휘자를 쓰지 않은데도 있다. 대군께서는 퇴로하여 채읍하셨던 이 고을에 풍류현과 세루정의 이름은 지금까지 전해오고 있다.

 자손들이 그 원인을 따라 관향을 밀성으로 삼았다. 대군의 의구지장이 밀주영남루 북쪽에 있었는데 그 능소의 전해옴을 잊었더니 지나간 인조 갑술년에 고을 부사 이유달이 본손들을 다른 사람들과 함께 수년 동안 영남루 위에서 제사를 지냈으니 이런 일은 백대에 성대하게 거행되었으되 힘 미치지 못하여 일이 드디어 침체하였더니, 영조 을사년에 본손들이 또 제사를 올리고자 건의 하였으나 능히 이루지 못하고 철종 정사년에 태학관을 인하여 사당 창건 발의를 통고 하였으나 성과를 보지 못하고 고종 신사 병진 양년에 단향을 올리고자 계속 수차로 건의하다가 임술년 여름 폭우에 파손된 영남루 북쪽에 한 큰 무덤의 광천이 들어 났는데, 이 무덤은 대군의 무덤임을 의심할 바 없다 하고 급거이 봉축을 쌓으며 일을 신중히 하고 탄성공력하여 돌로서 단을 쌓고 단비를 세워 글을 새겨 가로되 밀성대군의 단이라 하고 드디어 천년의 미치지 못했던 일을 거행하여 길이 만세의 유전을 지었으니, 이것은 천리와 인정의 믿을 바이더라 다 계림의 상서러운 햇빛이 다시 응천에 밝은 것과 같으니 과히 개장의 우모를 이루리로다.

 명왈,

밀양박씨(密陽朴氏)

나라는 비록 옛나라이나 그 터는 아직 새롭더라. 헤아리지 못할 많은 자손이 함께 전형을 추모하니 오르내리시와 절하는 제전에 다달으심과 같으니 천만년에 강신제 올림에 허물 없으리라.

신라 기원 1982년 을축 9월2일 완산 이강 전
갑술 7월 후손 용숙은 삼가 번역하다

대군은 경명왕 8남의 맏이이다.
왕통의 적파요 우월같이 높은 상태네.
조자장과 오계찰을 이에 모방하였네.
밀성산 푸르고 밀성물 넘쳐 흐르네.
아름답고 장엄함이여 굽어보고 우러러보네.
종국을 돌아보니 대운이 다하였네.
궁예도 여호요 견훤도 도깨비라.
홍곡이 높이 날며 굽어보고 우망을 웃네.
몸이 편코 뜻도 편하니 덕이 높고 사업도 넓네.
자손이 하도 많으니 하늘의 보답이 어김 없네.
세대가 구원하여서 능역이 적실치 않아 자손도 통탄하고 사림도 슬퍼했네.
봉분짓자는 논의가 그전부터 말이 있었네.
화산 서쪽 취령 동쪽에 이곳이 좋은 터일세.
제손이 힘을 다하니 그림자 같고 소리들려옴 같네.
바야흐로 단과 비같이 이루어 볼만도 하다.
희생과 술을 정결히 하여 세시에 헌양하니 양양이 계시는 듯 향내 멀리 퍼지네.
천만년이 가도록 예의 더욱 빛나리 돌에다 새기고 이마를 조아려

밀양박씨(密陽朴氏)

재배합니다.

정묘년 12월
후손 승훈랑홍문관시독 시룡 근찬
후손 통정홍문관시독 해철 근명
방후손 승훈 전참봉 죽산후 전필 근서
통정농공상부국장 해주 오세창 전

고려시대(高麗時代)

박 욱(朴 郁)

경명왕의 손자이고 밀성대군 박언침(朴彦忱)이 아들로 삼한벽공도대장군(三韓壁控都大將軍)을 지냈다. 묘당(廟堂)을 추화산(推火山)에 세우고 밀성수호(密城守護)의 주신(主神)으로 삼았다.

박 란(朴 瀾)

밀성대군 박언침의 손자이며, 삼한벽공도대장군(三韓壁控都大將軍) 박욱(朴郁)의 아들로 요동독포사(遼東督捕使)를 지냈다.

박기세(朴基世)

참지정사 박영정(朴永禎)의 아들로 합문지후(閤門祗侯)를 지냈다.

박시주(朴施做)

합문지후(閤門祗侯) 박기세(朴基世)의 아들로 보문각 시제(寶文閣待制)를 지내고 이부시랑(吏部侍郞)으로 중국에 다녀와서 이부상서(吏部尙書)에 이르렀다.

박찬행(朴讚行)

이부상서(吏部尙書) 박시주(朴施做)의 아들로 정당문학(政堂文學) 검교태부(檢校太傅)를 거쳐 문하시중(門下侍中)을 치사(致仕)하였다.

박언부(朴彦孚)

문하시중(門下侍中) 박찬행(朴讚行)의 아들로 1047년(문종 1)에 문과에 급제하여 최충(崔沖)과 함께 태사(太師)를 지낸 후 중서령(中書令) 문하시중(門下侍中) 도평의사(都評議事)를 역임하였고 밀성부원군(密城府院君)에 봉해졌다. 유지(遺址)는 청도 풍각 화산(淸道風角花山)에 있다.

박언상(朴彦祥)

문하시중(門下侍中) 박찬행(朴讚行)의 아들로 밀성부원군 박언부(朴彦孚)의 아우이다. 도평의사(都評議事) 등을 지냈으며, 도평의사공파(都評議事公派)의 중조(中祖)이다.

박언인(朴彦仁)

문하시중(門下侍中) 박찬행(朴讚行)의 아들로 밀성부원군 박언부(朴彦孚)의 아우이다. 벽상삼중대광 평장사(壁上三重大匡平章事) 상서좌복야(尙書左僕射) 등을 지내고 밀직군(密直君)에 봉해졌으며, 밀직군파(密直派)의 중조(中祖)이다.

밀양박씨(密陽朴氏)

박효신(朴孝臣)

밀성부원군(密城府院君) 박언부(朴彦孚)의 아들로 시호는 문익(文翼)이다. 문과에 급제하여 문하시중(門下侍中)을 지냈고 문장(文章)과 충절(忠節)로 평장사(平章事)에 올으며, 중국에 사신을 다녀왔다. 고려 인종묘(仁宗廟)에 배향되었고, 유지(遺址)는 청도 풍각 화산(淸道風角花山)에 있다.

박의신(朴義臣)

밀성부원군(密城府院君) 박언부(朴彦孚)의 아들이며 문익공 효신의 아우이다. 고려 인종조(仁宗朝)에 등과하여 공부상서(工部尙書)에 올랐으며, 유지(遺址)는 청도 풍각 화산(淸道風角花山)에 있다.

박공필(朴公弼)

문익공(文翼公) 박효신(朴孝臣)의 아들로 시호는 충렬(忠烈)이다. 대장군(大將軍) 도검사(都檢事)를 지내고 병부상서(兵部尙書)를 역임하였으며, 문무를 겸비하여 윤관(尹瓘) 등과 함께 여진국(女眞國)을 평정한 공으로 진국공신(鎭國功臣)이 되었다.

박육경(朴育慶)

병부상서 박공필(朴公弼)의 맏아들로 인종조에 대장군(大將軍)과 병부상서(兵部尙書)를 지내고 김부식(金富軾)과 함께 도적

조광(趙匡)을 쳐서 평정하고 상소(上疏)하여 양현고(養賢庫)를 세워 많은 선비를 기르게 하였다.

박육화(朴育和)

충렬공 박공필(朴公弼)의 2남으로 병부상서 박육경(朴育慶)의 아우이다. 1147년에 급사중(給事中)으로 동북면 병마부사(東北面兵馬府使)를 거쳐 병부상서(兵部尙書)와 형부상사(刑部尙書)를 지내고 수사공좌복야(守司公左僕射)를 역임하였다. 유지(遺址)는 청도 풍각 화산(風角 花山)에 있다.

박대화(朴大和)

병부상서 박육경(朴育慶)의 아들로 의종조에 대호군(大護軍)과 병부상서(兵部尙書)를 역임하였다.

박윤공(朴允恭)

병부상서(兵部尙書) 박육화(朴育和)의 아들로 내시중(內侍中)을 역임하였다.

박 간(朴 幹)

병부상서(兵部尙書) 박육경(朴育慶)의 손자이며 대호군 대화의 아들이다. 문과에 급제하여 병부참정(兵部參政)을 지냈으며, 시호는 양효(良孝)이다.

밀양박씨(密陽朴氏)

박상례(朴尙禮)

내시중 박윤공(朴允恭)의 맏아들로 문과에 급제하여 정언(正言)을 지냈다.

박광례(朴光禮)

병부상서 박육화(朴育和)의 손자로 시중(侍中) 박윤공(朴允恭)의 아들이다. 문과에 급제하여 출사하였고 밀성군(密城君)에 봉군되었다.

박영균(朴永均)

양효공(良孝公) 박간(朴幹)의 맏아들로 익대공신(翊戴功臣)으로 판도판서(版圖判書)와 삼재(三宰) 역임하였다. 응천군(凝川君)에 봉해졌다가 뒤에 은산부원군(銀山府院君)으로 추봉되었으며, 시호는 문헌(文憲)이다.

박세균(朴世均)

양효공(良孝公) 박간(朴幹)이 2남으로 호는 행산(杏山)이다. 평장사(平章事)로 밀성부원군(密城府院君)에 봉해졌다.

박 춘(朴 椿)

정언 박상례(朴尙禮)의 아들로 문과에 급제하여 직제학(直提學)과 판밀직사(判密直司)를 지냈다.

박유효(朴惟孝)

밀성군 박광례(朴光禮)의 아들로 밀성군(密城君)에 습봉(襲封) 되었다.

박 익(朴 翊)

은산부원군(銀山府院君) 박영균(朴永均)의 아들로 자는 태시(太始), 호는 송은(松隱)이며 시호는 충숙(忠肅)이다. 공민왕조(恭愍王朝)에 등제(登第)하여 문장가(文章家)인 동시에 대학자(大學者)로 예부 시랑(禮部侍郞)을 거쳐 중서령(中書令)을 역임하였다.

박 흥(朴 興)

밀성군 박유효(朴惟孝)의 아들로 밀성군(密城君)에 습봉되었다.

박 화(朴 華)

공부상서(工部尙書) 박의신(朴義臣)의 7세손, 검교군기감 박함(朴諴)의 아들이다. 전리사사(典理司事)를 거쳐 밀직부사(密直副使) 상호군(上護軍)으로 치사(致仕)했다.

박중미(朴中美)

보문각 대제학(寶文閣大提學) 박진록(朴晋祿)의 아들이다. 충목왕조에 문과에 급제하여 중서령(中書令)을 역임하고 홍건적

밀양박씨(密陽朴氏)

(紅巾賊)을 평정한 공으로 보리공신(輔理功臣)이 되어 대광보국 숭록대부(大匡輔國崇祿大夫)에 가자(加資)되고 밀직부원군(密直府院君)에 봉해졌으며, 밀직부원군파(密直府院君派)의 중조(中祖)이다.

박 현(朴 鉉)

밀양박씨 규정공파의 중조(中祖)로 시조왕의 45세손이고 관조 밀성대군의 16세손이며, 밀성군(密城君) 박유효(朴惟孝)의 손자이며, 밀성군(密城君) 박흥(朴興)의 아들로 배위(配位)는 동래정씨(東萊鄭氏) 밀직(密直) 함(涵)의 따님이다. 사헌부 규정(司憲府糾正)을 지냈으며, 박상충 등이 포의도식(布衣徒食)하면서 도학(道學)을 널리 펼쳐 인의(仁義)를 베풀고 충효(忠孝)의 사상을 널리 보급한 사람으로 동방도학(東方道學)의 조종(祖宗)이라 하니 왕이 "규정(糾正) 박현(朴鉉)을 숭의전(崇義殿)과 공자묘(孔子廟)에 배향하여 제사하라." 하였다. 묘(墓)는 손자 상장군(上將軍) 사경(思敬)이 지은 묘지(墓誌)에 장단군(長湍郡) 장도면(長道面) 사시리(沙是里) 박릉동(朴陵洞) 두매산(杜梅山) 아래 자좌오향(子坐午向)라 하였다. 고양 두응촌과 전주 봉서재에 단비가 있으며 장흥 세덕사와 옥천 원덕사, 경산 율산서원에 배향하였다.

박문유(朴文有)

밀성군(密城君) 박흥(朴興)의 손자로 규정공 박현(鉉)의 아들이며, 배위는 벽진이씨(碧珍李氏)로 밀직사(密直司) 대(岱)의 따님이다. 과거에 급제하여 전리좌랑(典理佐郞) 경주판관(慶州判官)을 지내고 향년 95세이다.

박사경(朴思敬)

1312~1404. 전리좌랑(典理佐郞) 박문유(朴文有)의 아들로 배위는 정경부인 전주이씨(全州李氏)로 수선(守善)의 따님이다. 고려 공민왕조에 전법판서 겸상장군(典法判書兼上將軍)을 역임하였다. 《고려사》에는 그가 원경(元京)에 체류하고 있을 때에 친원파(親元派)들이 왕을 북원 사람 독타불화(篤朶不花)를 추대하려 하는 것을 알고 크게 놀라 귀국하여 명덕태후(明德太后)에게 직간(直諫)하고 신진사류 박상충 등과 협동하여 백태후(白太后)를 도와 간신(奸臣)을 척결할 것을 직접 간언(諫言)하여 친원파 안사기(安邪琦)를 처단하고 강녕대군(江寧大君) 우(禑)를 왕으로 추대하였다.

추성익위공신(推誠翊衛功臣)에 책봉(册封)되었다. 향년 93세로 별세하니 묘는 경기도 고양시 주교리 두응촌 계좌원의 묘역을 박재궁(朴齋宮)이라 한다.

밀양박씨(密陽朴氏)

박사인(朴思仁)

호는 연계(連溪). 상장군(上將軍) 박사경(朴思敬)의 아우로 전리좌랑(典理佐郞) 박문유(朴文有)의 아들이며, 사헌 규정(司憲糾正) 박현(朴鉉)의 손자이다. 외조는 밀직사(密直司) 이대(李玳)이고, 배위는 평강채씨(平康蔡氏)이며, 처부는 전법판서 채백(典法判書蔡伯)이다. 고려조에 전리좌랑(典理佐郞)을 거쳐 호조전서(戶曹典書)를 역임하고, 문하시랑평장사(門下侍郞平章事)에 증직되었다. 간의공 파조(諫議公派祖)이다.

박사민(朴思敏)

상장군(上將軍) 박사경(朴思敬)의 아우로 전리좌랑(典理佐郞) 박문유(朴文有)의 아들이며 사헌 규정(司憲糾正) 박현(朴鉉)의 손자이다. 외조는 밀직사 이대(密直司李玳)이다. 고려조에 군수를 지내다가 은거하고 벼슬길에 나가지 않았으며, 군수공 파조(郡守公派祖)이다.

박 침(朴 忱)

1342년~1399년. 전법판서 겸상장군(典法判書兼上將軍) 박사경(朴思敬)의 아들로 전리좌랑(典理佐郞) 박문유(朴文有)의 손자이다. 배위는 정경부인 밀산박씨(密山朴氏)로 밀산군(密山君) 박린(朴僯)의 따님이며, 후취(後聚)는 함종곽씨(咸從郭氏)이다. 외조는 밀직사 이대(密直司李玳)이다. 공민왕조에 전의판사(典儀

판사(判事)를 지냈으며 고려가 망하고 조선이 건국되자 고려의 운명을 한탄하며 두문동(杜門洞) 72현과 함께 부조현(不朝峴)에 올라가 신조불참동맹(新朝不參同盟)을 맺고 조복(朝服)과 관대(冠帶)를 벗어서 나무에 걸어놓고 두문동(杜門洞)으로 들어가 불사이군(不事二君)의 충절을 지켰다.

그 후 전서 서보(徐輔) 전서 채귀하(蔡貴河)와 함께 벽란진을 건너서 서해로 퇴둔(退遯)하다가 얼마 후 다시 여말 충신들이 많이 은거하고 있는 개성 만수산 배록동(排祿洞)으로 은둔하였는데 조선에서 여러 차례 벼슬을 주어 불렀으나 나아가지 않았다. 조선은 그에게 호조전서(戶曹典書)를 증직(贈職)하고 원종공신(願從功臣)으로 책봉하고 그 자손들에게 등용의 문로를 열어주었다. 조선 영조조에 송경원(松京院)과 장성 경현사(長城景賢祠)에 배향되었다가 영광 월현사(月峴祠)에 이향(移享)하였다.

박지생(朴祗生)

1365년~1412년. 전서공(典書公) 박침(朴忱)의 아들로 상장군(上將軍) 박사경(朴思敬)의 손자이며, 경주판관(慶州判官) 박문유(朴文有)의 증손이다. 외조는 밀산군 박린(朴橉)이고 배위는 흥양이씨(興陽李氏)이며, 처부는 찬성사(贊成事) 이서원(李舒原)이다. 고려말에 간성병마사(杆城兵馬使)를 지냈으나 아버지 전서공을 따라 망복(罔僕)의 의리를 지켰다. 간성공파(杆城公派) 파조(派祖)이다.

밀양박씨(密陽朴氏)

박강생(朴剛生)

1369년~1422년. 자는 유지(遺址), 호는 나산경수(蘿山耕叟)이다. 상장군 박사경(朴思敬)의 손자로 전의판사(典儀判事) 박침의 아들이다. 규정공 박현(朴鉉)의 고손(高孫)이며 외조는 박인(朴璘), 배위는 정경부인 파평윤씨(坡平尹氏) 처부는 윤승경(尹承慶)이다. 1390년(공양왕 2) 6월 식년시(式年試) 문과에 병과로 급제하였고, 1408년(태종 8) 명나라에 진위사 서장관(陳慰使書狀官)을 다녀왔고, 1412년(태종 12)에 집현전부제학(集賢殿副提學)을 역임하고, 1414년(태종 14) 수원도호부사(水原都護府使), 1420년(세종 2)년 함경도 안변부사(安邊府使)로 졸하였다. 자손에게 전하는 장문의 유서를 남겨 오늘에 전해진다. 1424년(세종 6)에 딸 장의궁주(莊懿宮主)가 세종의 귀인(貴人)이 되어 의정부 좌찬성(議政府左贊成)에 증직되고 밀산군(密山君)에 책봉되었다. 시호는 정간(貞簡)이며, 홍천서원(洪川書院)에 배향되었다.

밀양박씨(密陽朴氏)

조선시대(朝鮮時代)

박 녕(朴 寧)

호는 충헌당(忠軒堂). 호조전서(戶曹典書) 간의대부(諫議大夫) 박사인(朴思仁)의 아들 규정공 박현(朴鉉)의 증손이다. 배위는 통천최씨(通川崔氏), 처부는 최임수(崔林守)이며, 외조는 채백(蔡伯)이다. 중랑장(中郎將)을 거쳐 호조정랑(戶曹正郎) 예조 참의(禮曹參議)와 판관(判官)을 역임하였다.

박늘생(朴訥生)

1374년~?. 참판공파(參判公派) 파조(派祖). 자는 곽지(槨之), 호는 운수(雲叟). 전서공(典書公) 박침(朴忱)의 아들로 상장군(上將軍) 박사경(朴思敬)의 손자이며, 경주판관(判官) 박문유(朴文有)의 증손이다. 외조는 밀산군 박린(朴僯), 배위는 양천허씨(陽川許氏)이며, 처부는 중추부사(中樞府事) 허해(許晐)이다. 판내첨시사(判內瞻寺事)를 역임하고 호조참판(戶曹參判)에 이르렀다. 고흥 숭양사(高興崇陽祠)와 경산 율산서원(栗山書院)에 배향하고 있다.

박신생(朴信生)

찬성공파(贊成公派) 파조(派祖). 전서공(典書公) 박침(朴忱)의

밀양박씨(密陽朴氏)

아들로 상장군(上將軍) 박사경(朴思敬)의 손자이며, 처부는 밀산박씨(密山朴氏)이다. 공조 정랑(工曹正郎) 경창 부윤(慶昌府尹)이 되었다가 공조(工曹)와 호조(戶曹)의 참판(參判)을 거쳐 선위사(宣慰使)와 전라도 절제사(節制使)를 역임하고 좌찬성(左贊成)에 증직되었다.

박의문(朴疑問)

1388년~1429년. 호군공파(護軍公派) 파조(派祖). 승문원 정자(承文院正字) 박절문(朴切問)의 형으로 나산경수 박강생(朴剛生)의 아들이며, 호조전서 박침(朴忱)의 손자, 고려 상장군(上將軍) 박사경(朴思敬)의 증손이다. 외조는 윤승경(尹承慶), 배위는 양천허씨(陽川許氏)이다. 1429년(세조11)에 오위 좌령호군(五衛左領護軍)을 역임하였다. 세상을 떠나니 왕이 후하게 부의를 하사하였다.

박절문(朴切問)

1390년~1411년. 전의판사(典儀判事) 박침(朴忱)의 손자로 부제학 나산경수 박강생의 아들이다. 증조는 박사경, 외조는 윤승경(尹承慶)이고, 배위는 고려왕씨(高麗王氏)이다. 1411년(태종11) 4월 식년시(式年試) 문과에 급제하여 권지교서 정자(權知校書正字)로 일찍 세상을 떠났다. 아들 박중손(朴仲孫)의 귀(貴)로 좌찬성(左贊成)에 증직되고 밀산군(密山君)에 봉군되었다.

박대손(朴大孫)

1407년~1457년. 절도사공파(節度使公派) 파조(派祖). 공효공(恭孝公) 박중손(朴仲孫)의 형으로 좌찬성 박절문(朴切問)의 장자, 부제학 박강생(朴剛生)의 손자, 전서공 박침(朴忱)의 증손이다. 외조는 영복군(永福君) 왕격(王隔)이며, 배위는 숙부인 안동권씨(安東權氏), 처부는 문경공 권제(權踶)이다. 승문원 박사(承文院朴士), 사복시 주부(司僕寺主簿), 사헌부 감찰(司憲府 監察), 부평 현감(縣監)을 거쳐 1425년(세종 7) 중화부사(府使)로 북평 병마절도사(兵馬節度使)를 겸하였다. 1457년(세조 3) 상왕 단종(端宗)의 참변 소식을 듣고 통곡하다가 자서(子壻)에게 유언하기를 "고명제신(顧命諸臣)이 참화당하는 무륜(無倫)의 세상이니 너희들은 모름지기 벼슬길에서 물러나 은거하라." 하고 순절하였다. 웃날에 사람들의 공의로 공주(公州) 동학사(東鶴寺) 경내의 숙모전(肅慕殿)과 영광(靈光) 월현사(月峴祠)에 배향되었다.

박심문(朴審門)

1408년~1456년. 청재공파(淸齋公派) 파조(派祖). 자는 신숙(愼叔), 호는 청재(淸齋). 승문원 정자(承文院正字) 박절문(朴切問)의 아우로 나산경수 박강생(朴剛生)의 아들이다. 외조는 파평인 위위(衛尉) 윤승경(尹承慶), 배위는 정경부인 청주한씨(淸州韓氏), 처부(妻父)는 부사(府使) 한승순(韓承舜)이다. 음직(蔭

밀양박씨(密陽朴氏)

職)으로 인수부승(仁壽府丞)을 거쳐 사온직장(直長)이 되었고, 1436년(세종 18) 문과에 병과로 급제하고 예조 정랑(禮曹正郞)으로 기주관(記注官)을 겸하였다. 1437년 사헌부 장령으로 있을 당시 김종서가 불러 육진을 개척하는데 종사관(從事官)을 역임하였고, 1456(세조 2) 질정관(質正官)으로 명나라에 다녀오다가 의주(義州)에 이르러 성삼문(成三問) 등이 참형되었다는 소식을 듣고 자결하였다.

1804년(순조 9) 나라에서 '충정고절(忠貞高節)이 불하육신(不下六臣)'이라는 글을 내리고 이조 참판(吏曹參判)에 증직되었으며, 1828년(순조 28)에 영월 창절사(寧越彰節祠)에 배향하고, 1856년(철종 7)에 이조 판서에 증직되고, 1871년(고종 8)에 충정(忠貞)의 시호(諡號)가 내려지고, 1904년(광무 8)에 부조지전(不祧之典)이 내렸다.

박호문(朴好問)

1400년~1453년. 자는 유보(裕父). 공조 참판(工曹參判) 박신생(朴信生)의 아들로 전의판사(典儀判事) 박침(朴忱)의 손자이다. 배위는 광주이씨(廣州李氏)와 일직손씨(一直孫氏)이고 처부는 군수 이지강(李之剛)과 손사순(孫思順)이다. 1419년(세종 1) 무과에 급제하여 야인을 토벌하였고 1436년(세종 18)에 회령도 호부사가 되었다. 1440년(세종 22) 자성(慈城)으로 귀양갔다 돌아와 1450년(세종 32) 공조 참판으로 성절사(聖節使)로 명나라를 다녀왔다. 1453년(단종 1) 이징옥의 뒤를 이어 함길도 절제사(咸

吉道節制使)가 되어 부임하여 이징옥(李澄玉)에게 피화(被禍)되었다. 세조가 상제(喪祭)와 조석전(朝夕奠)을 극진히 할 것을 명하고 좌찬성(左贊成)을 증직하고 시호를 정무(貞武)라 내렸다.

박중손(朴仲孫)

1412년~1466년. 자는 경윤(慶胤), 호는 묵재(黙齋) 또는 백당(栢堂). 교서정자 박절문(朴切問)의 아들로 부제학 박강생(朴剛生)의 손자이다. 외조는 왕격(王鬲), 배위는 정경부인(貞敬夫人) 남평문씨(南平文氏), 처부(妻父)는 문승조(文承祖)이다. 1435년(세종 17) 식년시 문과에 병과로 급제하여 집현전 박사가 되고 영주 십팔학사(瀛洲十八學士)에 들었다. 이조 좌랑을 겸하여 춘추관에 있을 당시 세종이 그를 특별히 서운 판관(書雲判官)으로 삼았는데, 정미(精微)하고 오묘(奧妙)한 이치(理致)를 잘 궁구(窮究)하여 조금의 차질도 없으니 산술에 뛰어난 자라 할지라도 그를 따를 자가 없었다. 부수찬과 지제교를 고쳐 사인, 집의, 지병조사를 지냈다. 이후 대독관(代讀官), 도승지(都承旨), 병조참판(兵曹參判), 지경연사(知經筵事) 등을 두루 지내고, 수충위사협찬정난공신(輸忠衛社協贊靖難功臣)의 호를 받고 응천군(凝川君)에 봉해졌다. 대사헌, 공조, 이조, 형조, 예조의 판서를 거쳐 좌참찬에 올랐고, 밀산군에 봉해졌다. 그가 세상을 떠나자 왕이 정무(政務)를 정지하고 부의를 갖추어 사제하고 그 얼굴을 그려서 맹부(盟府)에 보관하였다. 시호는 공효(恭孝)이며, 부조지전(不祧之典)을 받았다.

밀양박씨(密陽朴氏)

비명(碑銘 : 金壽寧 지음, 國朝人物考 수록)

밀산군(密山君) 박공(朴公) 중손(仲孫)의 자는 경철(慶徹)이다. 별세하여 장사할 무렵, 자제들이 비명을 상락(上洛) 김수녕(金壽寧)에게 구하며

"공께서 어려서부터 저희 집을 왕래하여 선친을 가장 잘 알고 있으니 덕행을 밝히고 근검한 생활을 빛나게 하여 후세에 전할 것을 도모코자 합니다." 하였다. 이때 수녕(壽寧)도 어머니 상중에 있어서 서로 곡하며 사양했으나 후에 수녕에 의해 비명이 저술되었다.

박씨(朴氏)가 신라 때 신인(神人)이 하늘로부터 내려와 신라의 시조가 되었음을 역사에 자세히 기술하였다. 그 후세에 삼한(三韓)에 분포하여 대대로 이름난 분이 있었으며 밀양(密陽)에 적을 둔 분이 더욱 현저하여 망족(望族)이 되었다.

고려 말에 판도판서(版圖判書)인 사경(思敬)이 공에게 고조부가 되니 인후한 군자였다. 판서공(判書公)이 침(忱)을 낳으니 조선조에 들어와 태조(太祖)를 섬기고 공훈이 있어 성명이 원종록에 등재되고 벼슬이 호조전서(戶曹典書)에 이르렀다. 전서공(典書公)이 주강(主剛)을 낳으니 높은 학문으로 이름을 빛내고 안변부사(安邊府使)가 되어 인자한 정치를 하여 의정부(議政府) 찬성사(贊成事)에 추증되었다.

찬성공이 고의 아버지 절문(切問)을 낳으니 독실한 덕행을 지닌 문장가로 별세하고 벼슬은 교서정자(校書正字)며 공이 귀히 되었기 때문에 순충적덕병의보조공신(純忠積德秉義補祚功臣)의 작호를 하사하고 의정부 좌찬성에 추증되

었다. 공의 어머니 정경부인(貞敬夫人) 왕씨(王氏)가 임신 때 집처럼 큰 소를 꿈에서 보고 마음속으로 기이하게 여기며 찬성공께 고하니 찬성공이 말하기를

"장래 창성할 징조를 먼저 알림이니 그가 아들이면 우리의 으뜸이다."

하고 부인에게 잘 거둘 것을 부탁하고 별세하였다.

칠 개월 후에 공이 탄생하니 명랑하고 영리하며 노는 것을 좋아하지 않고 조금 자라서는 스스로 독서할 줄 알았다. 15세에 성균관 시험에 합격하고 다시 어진 스승께 유학하여 학문을 펴고 쌓았다.

1435년(세종 17)에 과거에 급제하여 집현전(集賢殿) 박사(博士)에 보임되고 부수찬(副修撰) 지제교(知製敎)로 승진하고 다시 사헌부(司憲府) 감찰(監察) 이조좌랑(吏曹佐郎)에 전보되어 춘추관(春秋館)을 겸직하여 더욱 명성이 있었다. 이때 성관(星官 : 일기를 관찰하는 관리)들이 무지하고 학술이 없어서 세종(世宗)께서 근심하며 특명으로 공의 직위를 낮춰 서운판관(書雲判官)이 되었다. 공은 기미를 연구하고 현묘함을 다하여 조금도 착오가 없었으며 공의 일기를 관측(觀測)한 재능을 앞설 사람이 없었다. 이조정랑(吏曹正郎)으로 전보되었으나 지제교를 겸하고 첨지통례(僉知通禮)로 동첨사(同詹事)를 겸직했다. 세종 말년에는 병으로 피곤했으나 왕명에 부지런하여 군사 기밀로부터 외무를 관장하고 결정하여 세자출납(世子出納)으로 첨사(詹事)를 겸임했다. 공이 그 직무에 능하여 여러 사람의 여론이 그를 더욱 중히 여겼다. 의정부에 들어와 검상사인(檢詳

舍人)이 되고 다시 사헌부에 들어가 장령(掌令)이 되었으며 세 번째 들어가 집의(執義)가 되었다. 그가 사헌부에 있을 때 고상한 명성을 견지하며 격려로 자신을 본보여 조정의 기강이 엄숙했으며 정랑(正郞)과 사인(舍人)이 되었을 때는 단정하고 침착하며 고상하고 우아하여 은연히 정승을 보필할 만하다는 여론이 있고 직무에 능하여 지병조사(知兵曹事)로 승진, 겸직하고 다시 승정원(承政院) 동부승지(同副承旨)가 되었으며 여러 번에 걸쳐 승진하여 도승지(都承旨)가 되었다.

1453년(단종 1) 봄, 왕이 친히 과거시험을 실시할 때 공이 대독관(對讀官)이 되고 겨울에 세조가 내란을 평정할 때 공이 요직에 있으면서 협심하여 힘을 다하고 좌우로 협찬하여 계책으로 사건을 마무리하는 데 공을 세웠다. 드디어 병조참판 지경연사에 임명되고 시사(時事)가 어려워 공이 진정토록 했다. 공훈을 기록할 때 수충위사협찬(輸忠衛社協贊) 정난공신(靖難功臣)의 작호를 주고 응천군(凝川君)에 봉했으며 형상을 그려 맹부(盟府)에 보관했다. 병조(兵曹)에서 한성부윤(漢城府尹)으로 옮기고 다시 사헌부에 들어가 대사헌이 되고 공조·이조·형조·예조 판서를 역임하고 밀산군(密山君)으로 고쳐 봉했다. 부임한 곳마다 법도를 견지하고 미세한 것에 힘쓰지 않았으며 인재를 추천하고 죄인을 다스림에 공평하고 아첨하지 않았으며 큰 빈객과 제사를 다스림에 찬연히 볼만하여 세인들이 어진 재상이라 칭송하였다.

1456년(세조 1) 봄에 과거시험을 관장하고 의정부 우참찬에 임명되었으며 다시 좌참찬으로 승진했다. 1459년(세조 4) 봄에 또 시관이 되어 전후 세 차례 고시관으로 명사(名士)를 많이 선발했다.

가을에 정경부인의 상사를 당하여 슬픔을 다하여 피골이 상접하고 3년 상을 마친 이후 다시 밀산군(密山君)에 봉하고 숭록대부(崇祿大夫)로 진급하고 1466년(세조 11) 여름 5월 병신(丙申)일에 안방에서 별세하니 향년 55세였다. 부음을 듣고 왕께서 슬퍼하며 조회를 파하고 관리에게 명하여 조위하며 부의와 제사를 하사하고 시호를 공효(恭孝)라 하였다.

공은 진실되고 착한 사람으로 온후하고 공순하며 언제나 구원이 선군에 미치지 못함을 염려하여 살아 있음에 항상 겸손하고 조심하여 어머니를 섬김에 뜻을 어길까 두려워하며, 형 섬김을 아버지를 섬김과 같이 하였다. 일가친척의 위급함을 구제할 땐 재산을 기울여 다하고 산업으로 재산을 취득할 때 별도의 남음을 구하지 않으며 집안으로부터 벗을 대접함에 일심(一心)을 지켜 변치 않고 성실한 것처럼 열심히 하지 않으며 또한 특출한 행동을 하지 않으며 정치와 일에 임함에 여유가 있고 조금도 행적을 들어내지 않아 공훈과 업적이 더욱 높아도 마음은 더욱 겸손하여 여러 번에 걸쳐 권력을 맡았으나 문에는 잡객이 없었다. 항상 가정에서 글로 자제를 훈계했는데 대체로 고금(古今)의 사치로 잃고 검소로 얻은 실적을 논하고 또한 계주명(戒酒銘)을 지어 자리 우측에 게양하여 자신을 깨우침으로써 아들을 훈계했으니 그의 말은 간략하고 원대했으니 세인을 훈계한 것이라 하겠다.

그해 7월 임진(壬辰)일에 교하현 북탄포 오금미리에 예장하니 부인(夫人) 남평문씨(南平文氏)와 언덕은 같으나 묘는 다르다. 부인은 공조정랑(工曹正郞)인 승조(承祚)의 딸로 아름답고 어질며 부덕이 있어서 진실로 가정에 이로우나 공보다 먼저 별세하였다.(中略)

명(銘)에 이르노니,

박씨(朴氏)의 선조 하늘로부터 내려와 전래됨 유원하고 대대로 벼슬하여 삼한(三韓)의 명문 밀산(密山)보다 성한 가문 없으되 판도(版圖)공의 인후함, 고인(古人)과 짝되고 정성 다해 기도했으며, 찬성공(贊成公)에 이르러 베풂은 컸으나 보답 적었음은 공의 형통함을 기다렸음일세. 공의 출생 기이하여 꿈속의 황우 기밀인데 찬성공 점치었네.

공이 가문을 승계한 후 덕을 쌓아 아름다움 진작하여 이름이 문과에 오르고 어버이 섬김이 효도 공순하며 남을 대접함에는 관용하며 임금께 충성하였네. 오직 공이 협력하여 돕고 근로의 공훈 큰 종에 새겼으니 공의 명성 높고 높았으나 공은 더욱 비하하여 능히 보전하였네. 마음가짐 결백하고 약과 침 같은 훈계 남기었네. 선한 사람이 꼭 창성하지는 않아 중도에 별세하였네. 저 푸르른 산림을 보라! 향기로운 난초, 공의 문에 장엄히 서있네.

공이여, 장구히 보존하소서! 이에 비명을 새기노니, 아름다운 광영 남겨 국가와 함께 무궁하소서.

밀양박씨(密陽朴氏)

박 미(朴 楣)

1433년~1491년. 자는 자첨(子瞻), 호는 존성재(存誠齋). 공효공 박중손의 아들로 좌찬성 박절문의 손자이다. 외조는 남평인 정랑 문승조, 배위는 정부인 진산강씨(晋山姜氏)이며 처부는 대민공(戴敏公) 강석덕(姜碩德)이다. 1451년(문종 1) 사마시에 오르고, 1458년(세조 4) 별시(別試)에 을과로 급제하였으며, 1460년(세조 5) 사간원 정언(司諫院正言), 1463년(세조 8) 이천 부사(府使) 1488년(성종 19) 사첨시 전사관(司瞻寺典祀官), 1489(성종 20) 승정원 동부승지(承政院 同副承旨), 좌부승지(左副承旨)를 거쳐 예조 참의(禮曹參議)를 역임하고, 이조 참판에 증직되었다.

박 건(朴 楗)

1434년~1509년. 공간공파(恭簡公派) 파조(派祖). 자는 자계(子啓), 호는 연봉(蓮峰). 존성재 박미(朴楣)의 아우로 공효공 박중손의 아들이다. 외조는 남평인 정랑 문승조(文承祚), 배위는 정경부인 전주최씨(全州崔氏)이다. 1452년(단종원년)에 사마시에 뽑혀 가을에 식년시(式年試)에 을과로 급제하였다. 집현전 수찬(集賢殿修撰)이 되고 영주십팔학사(瀛洲十八學士)에 들었다. 직강(直講), 이조 정랑(吏曹正郎), 예문관 응교, 성균관 사예를 거쳐 검상을 지냈다. 1455년(세조 1) 좌익원종공신(左翼願從功臣)이 되었고 사인, 예문관 직제학, 첨지중추부사, 우부승지를 거쳐 1468

밀양박씨(密陽朴氏)

년(예종 즉위) 전라(全羅), 강원(江原), 경상(慶尙), 평안(平安)의 관찰사(觀察使)를 지내고, 한성부 우윤에 올랐다.

1472년(성종 3) 진하부사(進賀府使)로 명나라에 다녀온 후 1477년에 동지중추부사(同知中樞府事) 병조, 예조, 공조의 참판, 대사헌, 한성 판윤, 형조 판서를 역임하고, 좌우참찬(左右參贊)이 되었다가 1503년(연산 9)에 함경도 관찰사(咸境道觀察使)로 좌천(左遷)되었다. 1506년 판중추부사로 중종반정(中宗反正)에 참여하여 익대정국훈(翊戴靖國勳)으로 밀원군에 피봉되었다가 밀원부원군(密原府院君)에 좌찬성(左贊成) 겸영경영사로 승진되었다. 임금이 그의 부음(訃音)을 듣고 애도하여 조회를 쉬고, 시호를 공간(恭簡)이라 하고 부조지전(不祧之典)을 내렸다.

묘갈명(墓碣銘 : 申用漑 지음, 國朝人物考 수록)

밀원부원군(密院府院君) 박공(朴公)의 휘는 건(楗), 자는 자계(子啓)니 밀양박씨다.

아버지의 휘는 중손(仲孫)이니 의정부 좌참찬으로 정난공신에 기록되고 응천군(凝川君)에 봉작(封爵)되었으며 조부의 휘는 절문(切問)이니 젊어서 과거에 급제하여 권지교서(權知校書)와 정자(正字)에 선임되었으나 일찍 별세하고 증조부 휘 강생(剛生)은 안변대도호부사(安邊大都護府使)다.

참찬인 중손이 공조정랑인 문공 승조(文公承祚)의 딸과 결혼하여 1434년(세종 16) 12월 공을 낳았다. 공은 지체 높은 가문에서 출생했으나 어려서부터 화려함을 좋아하는 모습이 없었으며 성품 또한 단정하고 침착하며 온화하고

밀양박씨(密陽朴氏)

선량하며 뜻이 학문에 독실하여 약관 때 학문이 이미 성숙했다. 20세인 1453년(단종 원년) 3등으로 과거에 급제하여 집현전수찬(集賢殿修撰)이 된 후 부교리(副校理)로 승진했다. 세조(世祖)가 집현전을 개혁할 때 성균관 직강(直講)이 되었으며 이조정랑으로 옮겨 지제교(知製敎)와 세자좌문학(世子左文學)을 겸임한 이후로부터는 항상 지제교를 겸했으며 성균관 사예(司藝)와 의정부 검상사인(檢詳舍人)과 성균관 사성(司成)과 예문관 직제학(直提學)을 역임했다. 1465년(세조 10) 승정원 우부승지가 된 후 우승지로 승진하고 모친 상사를 당했으며 상사를 마친 후 전라도 관찰사가 되고 한성부 우윤(右尹)과 좌윤(左尹), 공조와 병조와 예조의 참판, 강원도 경상도 평안도의 관찰사와 사헌부의 대사헌(大司憲)을 역임했으며 1492년(성종 23) 한성부 판윤(判尹)으로 특별 승진하고 형조판서로 옮겼다. 1498년(연산 4) 숭정대부(崇政大夫)로 특진하고 의정부 좌참찬이 되고 찬성(贊成)으로 승진했다.

1504년(연산 10) 연산군의 뜻이 도리에 위배되고 정치가 황폐했으며 노련하고 성순한 대신들이 죄의 그물을 벗어날 수 없었다. 공 또한 강등되어 함경도 관찰사로 나갔으며 임기 만료 후 판중추부사(判中樞府事)가 되었다. 1506년(중종 원년) 가을 어진 임금의 중흥시기를 만나 임금으로 추대하는 일에 참여하고 도와 정국공신에 기록되고 밀원군(密原君)에 봉작되었으며 다시 의정부 좌찬성이 되고 밀원부원군 영경연사(領經筵事)로 승진했다.

1509년(중종 4) 윤 9월 5일 병환으로 별세하니 향년 76

세요 부음을 듣고 조회와 시장을 중지하고 은전과 부의를 더했다. 다음 달 양주의 서산(西山) 장흥리(長興里) 해좌사향(亥坐巳向)의 언덕에 안장했는데 관청에서 장례의 일을 도와 완전하게 하였다.

 공은 처음 벼슬에 오를 때부터 말년에 이르기까지 상하로 17년 동안 여섯 분 임금을 섬기면서 내직 외직에서 치적이 높았으며 공순하고 삼가며 진실하고 부지런하여 끝까지 변하지 않았으며 마음가짐을 조심하고 바르게 하며 몸을 의리로 다스리고 특이한 행동을 하지 않으며 구차하게 생명을 보전하지 않고 남들과 비교하지 않으며 물욕에 더럽힘이 되지 않아 재직시 재앙이 없고 몸은 과오에 빠지지 않았다.

 천성이 효도 우애하고 친척과 화목을 돈독히 하며 집에서는 검소하고 사치를 일삼지 않으며 손님맞이하기를 좋아하지 않고 벗을 대하면 항상 욕심을 버리고 깨끗한 마음으로 자신을 지켰다.

 벼슬에 임하여서는 마음을 평온히 하고 정도를 지키며 남을 위해서 바른 법을 굽히지 않으며 사사로운 일로 공사를 병들게 하지 않았다. 또한 사무에 능하여 판결이 물 흐르듯 하여 일에 착오가 없으며 사람들이 기만하지 못했다.

 사헌부 대사헌이 두 번 되어 강직 결백하라고 하지 않았으나 조정의 기강이 자연 엄숙했다.

 한성부 판윤이 네 번 되고 형조판서가 되었는데 술책에 힘쓰지 않고 전심전력 불쌍히 여기고 죄질을 살펴 형량을 감면했으며 오도(五道)의 관찰사로 재직 중 책상에 지체된

밀양박씨(密陽朴氏)

문서가 없고 뜰에는 원통함을 호소하는 백성이 없으며 재능을 깊이 감추고 밖으로 나타내지 않으며 남들과 다르다는 것을 구하지 않았다. 아! 세인들은 모질고 특이한 행동을 하는 자 있으며 나약하고 건성으로 하는 자 있으며 뜻을 굽히고 자리보전만 힘쓴 자 있으나 공과 같은 분은 특이한 행동을 하지 않고 건성으로 하지 않으며 자리보전에만 힘쓰지 않고 오직 임무에 충실하고 정도를 지켰으니 온건하고 담백하며 간소하고 고요하며 강직하고 유순하며 너그럽고 맹렬함을 겸한 군자라 할 수 있으며 지위와 품계가 높으며 수명이 70세를 넘었으니 행운이 아니겠는가.(中略)

이제 묘를 이장하려 하는데 대를 이은 손자 위(葳)가 신용개에게 비문 저술을 문의했다. 신용개는 젊어서 학문에 뜻을 두었으며 공의 가문에 장가들어 33년 동안 모셨기 때문에 공의 행적을 가장 자세히 알며 또한 친하고 직책이 태사(太史)로 항상 남에게 신의를 가졌기 때문에 남을 높이고 비교하지 않으며 또한 공의 마음가짐과 덕행과 업적이 사람들의 이목(耳目)에 많이 남아 있다. 이것이 또한 증거가 된다. 비문을 저술하면서 어찌 감히 사심을 두리요. 명에 이르노니

"선(善)을 쌓으면 경사는 모이는 것. 대대로 지체 높은 가문 공이 다시 융성케 하였네. 마음가짐 겸손 공순하며 법도를 지키고 여섯 분 임금을 섬기면서 크게 보필하여 공훈을 기록함이 역사에 있으며 아름다운 명성을 남기고 많은 사람의 평론이 무성하네. 행적을 드러내 묘에 갈무리 하노니 하늘이여 영원히 도우소서."

밀양박씨(密陽朴氏)

박의영(朴義榮)

1456년~1519년. 대간공파(大諫公派) 파조(派祖). 자는 거화(去華). 존성재 박미(朴楣)의 아들로 외조는 진주인 대민공 강석덕(姜碩德)이며, 배위는 하동정씨(河東鄭氏)와 김씨(金氏)이다. 1476년(성종 7)에 진사에 장원으로 급제하였고, 1482년(성종 13) 친시(親試)에 병과로 급제하여 승문원 정자를 거쳐 1500년(연산 6) 집의(執義), 호조와 공조의 좌랑, 헌납, 집의 등을 역임하였다. 1502(연산 10) 병조 참의, 1504년(연산 10) 대사간(大司諫)으로 연산생모윤씨를 추숭하는데 반대하여 이세좌(李世佐)의 죄를 논하지 않은 죄로 문의(文義)에 귀양갔다가 풀려 나온 후, 호조, 예조, 병조, 공조의 참판을 지냈다.

묘갈명(墓碣銘 : 朴薰 지음, 國朝人物考 수록)

공의 휘는 의영(義榮), 자는 거화(去華), 성은 박씨(朴氏)니 밀양인(密陽人)이다. 증조부의 휘는 절문(切問)이니 벼슬이 의정부(議政府) 좌찬성(左贊成)이며 조부의 휘는 중손(仲孫)이니 벼슬이 의정부(議政府) 좌참찬(左參贊)이며 공로로 밀산군(密山君)에 책봉되었다.

아버지의 휘는 미(楣)니 예조참의(禮曹參議)요, 어머니는 강씨(姜氏)니 지돈녕부사(知敦寧府事)인 석덕(碩德)의 딸이다.

공은 19세에 진사(進士)가 되고 37세에 급제하여 승문원 정자(承文院正字)에 선임되고 호조(戶曹)와 공조(工曹)의 정랑(正郎)을 역임하였으며 여러 차례 추천으로 헌납(獻

納)과 집의(執義)가 되고 대사간(大司諫)이 되어 격양(激揚)으로 자기의 임무를 삼아 관료들이 감히 범하지 못했으며 벼슬이 호조(戶曹)와 예조(禮曹)와 병조(兵曹)의 참의(參議)에 이르렀다.

  공은 용모가 괴기하여 사람들이 보면 공인 줄 알며 또한 재상(宰相)으로 기대했으나 직위가 덕행에 따르지 못했다. 오호, 통재로다!(中略)

  공은 1456년(세조 1) 4월 13일에 출생하고 1519년(중종 14) 7월 15일에 별세하여 이해 9월 6일에 장사하고 묘는 고양군 서두 응촌리에 있으니 선조의 묘역이다.

  명(銘)에 이르노니,

  학문에 힘썼으나 말은 더듬으며 쌓임은 풍부한데 베풂은 인색하여 이러한 아름다움 있어도 크게 펼치지 못했네. 후세에 누가 고증할까. 짧은 비명을 보라.

박승약(朴承爚)

1456년~1500년. 자는 언명(彦明). 공간공 박건(朴楗)의 아들로 공효공 박중손의 손자이다. 외조는 최윤(崔昀), 배위는 정부인 전주이씨(全州李氏)와 정부인 하동정씨(河東鄭氏)이다. 1480년(성종 11) 진사시(進士試)와 생원시(生員試)에 오르고, 1483년(성종 14) 춘장시(春場試)에 병과(丙科)로 급제하였다. 의정부 검상(檢詳), 사인(舍人)을 역임하였다.

밀양박씨(密陽朴氏)

박원충(朴元忠)

자는 충지(忠之). 청재 박심문의 아들로 부제학 박강생의 손자이며, 전의판사 침의 증손이다. 외조는 청주인 부사(府使) 한승순(韓承舜), 배위는 숙부인 전주최씨(全州崔氏), 처부는 검교 최윤용(崔允庸)이다. 1522년(중종 17) 식년(式年) 생원시(生員試)에 올라 통례원 좌통례를 역임하고 주성 현감(舟城縣監)을 거쳐 홍주 판관(洪州判官), 평창 현령(平昌縣令)을 역임하고 호조 참의에 증직되었다.

박광영(朴光榮)

1463년~1537년. 자는 군실(君實). 존성재(存誠齋) 박미(朴楣)의 아들로 공효공(恭孝公) 박중손(朴仲孫)의 손자이다. 외조는 강석덕(姜碩德), 배위는 정경부인 중화양씨(中和楊氏), 처부(妻父)는 첨정(僉正) 양석견(楊石堅)이다. 1486년(성종 17) 식년(式年) 생원시(生員試), 1498년(연산 4) 식년 문과에 병과로 급제하였다. 승문원 부정자와 홍문관 박사를 거쳐 봉상시 주부에 전직되었다가 1503년(연산 9) 홍문관 부수찬(弘文館副修撰)이 되고, 1504년(연산 10)에 정언으로 갑자년 연산군(燕山君) 생모 윤씨의 추숭을 반대하여 목천(木川)에 유배되었다가, 1506년(중종 원년) 중종반정으로 정언(正言)에 복직되어, 1507년(중종 2) 지평(持平), 교리(校理), 집의(執義), 의정부 검상, 사인을 거쳐 1514년 통례원 좌통례로 평안도 재상 경차관(災傷敬差官)을 다녀왔다. 1516년 동부승지, 대사간, 병조 참의를 지내고, 1518년 관압사(管押使)로 연경에 갔다가 돌아와 돈령부 도정으로 자리를 옮겼다. 1522년 황해도 관찰사로 간신의 모함으로 강릉부사(江陵府使)로 좌천되었다. 1526년 이조 참의, 좌부승지를 거쳐 한성부 우윤이 되고, 1529년 동지중추로 명나라에 하정사(賀正使)를 다녀와 대사간(大司諫)이 되었다가 충청도 관찰사로 나갔다. 돌아와 공조참판 겸 부총관을 거쳐 1533년(중종 31) 호조 참판을 역임하고 경주 부윤(慶州府尹)을 지냈다. 맏형의 훈작을 습봉하여 밀성군(密城君)에 봉해지고 형조 참판(刑曹參判)에 이르러 별세하니 오위도총부도총관(五衛都摠府都摠管)에 이조 판서(吏曹判書)에 증직되었다.

묘갈명(墓碣銘 : 鄭士龍 지음, 國朝人物考 수록)

박씨의 관향이 하나가 아니나 밀양박씨가 가장 성대했으니 휘 광예(光禮)가 고려 때 문과에 급제하여 직위가 현저했으며 그 후 2세 동안 연이어 과거에 급제했으나 족보에 누락되어 그의 관직과 행적이 자세하지 못하고 오세손(五世孫)에 이르러 좋은 관작을 계승하니 직위가 높고 귀하며 휘 강생(剛生)에 이르러 벼슬이 집현전(集賢殿) 부제학(副提學)에 이르고 휘 절문(切問)은 벼슬이 권지교서(權知校書) 부정자(副正字)에 이르고 좌찬성(左贊成)에 추증되었으며 휘 중손(仲孫)은 정란공신에 책봉되고 벼슬은 의정부 좌참찬(左參贊)에 이르고 시호는 공효(恭孝)며 휘 미(楣)는 벼슬이 예조참의(禮曹參議)에 이르고 이조참판(吏曹參判)에 추증되었는데, 곧 공의 아버지이다. 부제학 이래로 모두 높은 관직을 추증하고 현저한 품계를 더했다.

밀양박씨(密陽朴氏)

공의 어머니는 지돈령부사(知敦寧府事)인 진산(晋山) 강석덕(姜碩德)의 딸이다. 공은 여러 아들 가운데 서열 둘째이니 휘는 광영(光榮), 자는 군실(君實)이니 법도 있는 가문에서 생장하고 유교에 심취하여 학문이 맑고 박식하였다.

1486년(성종 17)의 사마시에서 2등으로 합격하고 기예가 성숙했으나 12년 동안 과거시험에서 낙방하고 1498년(연산군 4)에 처음 벼슬하여 승문원에 들어가 부정자(副正字)가 되고 서열에 따라 박사(博士)로 승진하고 봉상주부(奉常主簿)로 옮긴 후 홍문관(弘文館) 부수찬(副修撰)에 임명되었다.

1504년(연산군 10)에 연산군이 생모를 추숭하고 대비를 폐하려 할 때 공은 동료들과 함께 보고를 올려 날카롭게 거론하고 연좌 농성하다 왕의 뜻을 거슬려 영광(靈光)으로 유배되었다.

1506년(중종 1) 중종께서 반정하고 사간원 정언(正言)으로 부름을 받았으며 다음 해에 사헌부 지평(持平)으로 승진하고 의정부 검상(檢詳)으로 옮긴 후 사인(舍人)으로 승진했으며 홍문관 응교(應敎)에 임명되고 사헌부 집의(執義)와 사복시정(司僕寺正)과 통례원좌통례(通禮院左通禮)를 역임하고 1515년(중종 10) 승정원(承政院) 동부승지(同副承旨)에 특별 임명되었다. 그러나 사건으로 인하여 상호군(上護軍)으로 좌천되고 얼마 후 사간원의 대사간과 병조참의에 임명되었다. 1518년(중종 13) 관압사(管押使)로 북경에 갔을 때 한직을 주어 돈녕도정이 되고 보원에 이르렀을 때 황해도 감사에 임명됐으며 임기가 만료될 무렵 도둑을 막지 못했다는 것으로 죄를 입어 파직되어 돌아왔다.

이때 공을 좋아하지 않은 대신(大臣)이 있었기 때문이며 강릉부사(江陵府使)가 되고 임기 만료 후 이조참의(吏曹參議)에 임명되었다.

1528년(중종 23) 다시 승정원에 들어가 좌승지가 되고 전보되어 한성좌윤(漢城左尹)에 임명되었으며 결원으로 공의 품계를 특진하여 우윤(右尹)에 임명했다. 공의 맏형이 후사가 없어 서열로 고신에 세습되어 밀성군에 책봉되었으며 그리하여 하정사(賀正使)로 북경에 갔을 때 체직되어 동지중추부사(同知中樞府事)에 임명하고 돌아온 후 다시 사간원의 대사간이 되고 잠시 후 좌천되어 서위(西衛)에 임명되고 오래지 않아 충청도(忠淸道) 감사(監司)가 되었다.

1532년(중종 27) 공조참판(工曹參判)에 임명되어 부총관(副摠管)을 겸임하고 형조참판(刑曹參判)으로 옮겼으며 1537년(중종 32) 병으로 해직되었을 때 공신에 책봉되었으며 이해 8월에 집에서 별세했다. 공은 1463년(세조 8)에 출생했으니 향년 75세요, 이해 10월에 고양군 두응촌 선조 묘의 아래 무좌 진향의 언덕에 예장했다.(中略)

공은 성품이 단정하고 맑고 삼가며 벼슬에 욕심이 없고 고요하며 관직에 부임하여 사무에 임하면 행동이 규칙을 지키며 항상 재능을 뽐냄을 부끄럽게 여기고 사람을 대접함에 감정을 나타내지 않고 형편에 따라 진솔하니 사람들이 그의 도량에 감복했다.(中略)

공의 선조는 시조로부터 공에 이르기까지 12세 동안 과거에 급제한 사람이 계승 부절하여 충원(忠元)은 문장과 덕망으로 세인의 추중한바 되었으며 인원(仁元), 근원(謹

元), 호원(好元), 계현(啓賢)이 과거에 동시 합격하여 울연히 국가의 동량이 되어 란(蘭)과 옥(玉)의 아름다움처럼 두각을 나타냈으니 공의 가문의 경사 그치지 않았다. 나는 공(孔) 이(李)의 정분으로 공에게 자기를 알아주는 친구가 되었다. 그러므로 자제들이 비명 저술을 요청했다.

명(銘)에 이르노니,

밀양과 진주의 백성 가운데 최씨와 노씨가 가장 성대하여 대대로 공경과 정승을 계승하니 귀함이 금주에 떨쳤다. 공은 학문에 힘써 연구 저술하여 사마시에 기예를 겨뤄 탁연히 합격하여 명성을 떨치고 두각을 나타냈으며 홍문관(弘文館)에 재직시 간언으로 유배되고 사면되어 돌아와 요직을 두루 역임하고 행동은 규율을 지키며 얻고 잃음 하나로 보았네. 벼슬은 비록 참찬이었으나 은덕에는 만족하지 못했네.

이것을 견지하여 후세를 넉넉히 하면 족히 국가를 빛내네. 봉 같은 네 아들 함께 거동하니 옛적에도 많이 보지 못했으리. 저 폭도와 비교할 때 영화와 곤궁 정반대일세. 두텁게 쌓음, 멀리 거두리니 누구를 공과 비교할까. 비명 저술하여 굳은 옥돌에 표하네.

박증영(朴增榮)

1464년~1492년. 자는 희인(希仁), 호는 눌재(訥齋). 존성재 박미(朴楣)의 아들로 박중손의 손자이다. 외조는 강석덕, 배위는 공인(恭人) 죽산박씨(竹山朴氏), 처부는 현감(縣監) 박영달

(朴英達)이다. 1480년(성종 11) 식년 진사시(進士試)에 2등하였고, 1483년(성종 14) 3월 춘장시(春場試) 문과에 병과(丙科)로 급제하였다. 1486년(성종 17) 10월에 홍문관 저작(著作)으로 있으면서 중시(重試)에 을과로 급제할 당시의 광경을 본 중국사신 동월(董越)이 기이하게 여겨 내린 표덕서(表德序)에 이르기를, "문장(文章)은 소노천(蘇老泉)과 두보(杜甫)의 것과 같고 글씨는 송설(松雪) 조맹부를 닮았다" 하고, '희인(希仁)'이란 자(字)를 지어주었다. 성종이 매우 아끼고 중하게 여겨 용연(龍硯)을 내렸다. 1490년 사가독서(賜暇讀書)를 하고 경연 시독관(試讀官)이 되었다. 홍문관박사와 헌납을 거쳐 교리(校理)로 별세하였다. 청주 국계사(菊溪祠)에 배향되었다.

애사(哀辭 : 金駉孫 지음, 國朝人物考 수록)
박희인(朴希仁)의 이름은 증영(增榮)이니 밀양인(密陽人)이며 집은 서울이니 조부와 아버지 이상이 모두 세상에 현달했다. 어려서부터 성품이 단아하고 유순하며 평상시 무게가 있고 말이 적으며 말을 할 때라야 말했다.
 14세 때 처음 향교에 유학하여 순연히 노련한 성인 같아 명성이 나타나지 않았으나 사람들이 그의 덕행과 기량을 알았다. 학문과 문장의 기틀이 매우 두텁고 진보가 원대했으니 마침내 국가를 빛낼 사람이었다.
 약관 때 급제하여 승문관 검열(檢閱) 정자(正字)가 되고 3년 후 중시(重試)에서 급제하여 수찬관(修撰官)이 되었으며 6년 후 교리(校理)가 되어 사람들이 희인(希仁)의 재능과 명성 두 가지가 훌륭함을 흠모하였다.

이듬해 가을에 나는 형제를 잃은 슬픔과 눈물로 눈을 뜨지 못한 지 수개월인데 또 희인이 세상을 떠났다는 부음을 들었으니 인간의 슬픔과 고통이 이보다 극심한 때가 없으리라. 이미 염습한 이튿날 나는 가서 곡하고 다시 신개지(新開地), 박기수(朴期叟)와 함께 동문 밖에서 영구를 보내며 곡하고 이별한 후 신개지(新開地)와 돌아오면서 그의 집에 가서 어린 고아를 위로하고 달래며 또 곡했다. 그 후 광영(光榮)의 집에서 서로 대면하여 희인(希仁)을 언급하며 반나절을 흐느꼈으며 광영(光榮)이 희인(希仁)의 어버이 섬김과 가사 처리와 형제간과 가정과 친구들이 알지 못한 것을 말했다.

아아, 희인(希仁)은 참으로 현인인데, 29세에 요절하니 어찌 그렇게 단명했을까!

광영(光榮)은 또한 희인의 애통으로 인하여 병이 되고 병이 더욱 위독하되 질대(經帶 : 상사 때 허리와 머리에 두르는 띠)를 벗지 않고 상례(喪禮)를 읽으며 아내가 약을 달여 방 밖에 와도 들어오지 못하게 하더니 일조에 단정히 앉았다. 아내가 비로소 들어가 보니 이미 서거했었다고 하였다.

아아, 희인(希仁)이 정영(精英)은 받았는데 어찌 장수는 받지 못했을까. 그만둘지어다. 희인(希仁)이 여기에 함께 있지 않으니 더욱 자신을 감당하지 못해 드디어 애사(哀辭)를 지어 슬픔을 달래네.

애사(哀辭)에 이르노니,

망망한 하늘 무궁하여 본디 삶이 없는데 누군들 죽지 않으리오. 8백 년을 장수한 팽조(彭祖)도 이 세상에 영원히 생존하지 못하고 29세의 희인(希仁)도 여기에 함께 돌아가니 하루살이처럼 나고 죽음. 만고의 진리일세.

박소영(朴召榮)

1465년~1518년. 해백공파(海伯公派) 파조(派祖). 자는 길보(吉甫). 존성재 박미(朴楣)의 아들이다. 외조는 강석덕(姜碩德), 배위는 숙부인 해주오씨(海州吳氏), 처부는 군수(郡守) 오한(吳漢)이다. 1483년(성종 14)에 생원시(生員試), 1485년(성종 16) 별시문과에 병과로 급제하였다. 1501년(연산 7) 응교(應敎), 1503년(연산 9) 장령(掌令), 1504년(연산 10) 직제학겸(直提學兼) 지제교(知製敎)로 연산(燕山) 생모 추숭하는 일에 반대하여 진천(鎭川)으로 귀향갔다. 1509년(중종 4) 형조 참의(刑曹參議)에 오르고, 1513년(중종 8) 부제학(副提學)을 거쳐 황해 감사(黃海監司)가 되었다가 호조참의를 거쳐 영흥 부사(永興府使)를 역임하였다.

박 영(朴 英)

1471년~1540년. 자는 자실(子實), 호는 송당(松堂). 참판 박신생(朴信生)의 5세손으로 참판 박수종(朴壽宗)의 아들이며, 박철손(朴哲孫)의 손자이다. 외조는 전주인(全州人) 양영대군 이제(李禔), 배위는 정부인 광주이씨(廣州李氏)이고 처부는 도승지 이세광(李世匡)이다. 1492년(성종 23)에 무과에 선발되어 이극균(李克均)을 따라 건주위(建州衛)를 토벌하고 돌아와 겸사복(兼司僕)이 되었다. 1509년(중종 4)에 선전관(宣傳官)에 임명되었으나 출사하지 않고 낙향하여 정붕(鄭鵬)에게서 대학(大學)을 배웠다. 이듬해 삼포왜란(三浦倭亂)에 조방장(助防將)에 발탁되어 창원에 부임했다. 1514년(중종 9) 황간 현감(黃澗縣監), 1516년(중종 11) 강계 부사(江界府使), 1518(중종 13) 의주 목사(義州牧使)로 명을 받고 부임하기 전에 동부승지(同副承旨)가 되었다. 1519년(중종 14)에 병조 참판(兵曹參判)을 제수받고 병을 이유로 출사하지 않았다가 성절사로 갔다가 12월에 돌아왔다. 1520년(중종 15)에 김해 부사에 임명되었다가 파직되었고 다시 경상 병사(慶尙兵使)가 되었다가 졸하였다. 이조판서에 증직되었고, 시호는 문목(文穆)이다. 금오서원, 황간서원, 강계서원에 배향되었다.

묘지명(墓誌銘 : 許穆 지음, 國朝人物考 수록)
선생(先生)의 성은 박씨(朴氏)니 밀양인이며 송당(松堂)은 별호이다. 증조부는 좌찬성(左贊成)인 호문(好問)이며 조부는 안동대도호부사(安東大都護府使)인 철손(哲孫)이다.

부친(父親)은 이조참판인 수종(壽宗)이요, 어머니는 정부인(貞夫人) 이씨(李氏)니 공정왕(恭定王)의 손녀며 아버지 양녕대군(讓寧大君)이 처음 세자(世子)로 책입되었으나 장헌왕(莊憲王)이 여러 왕자(王子) 가운데 성덕이 있었다. 이에 거짓 미쳐서 세자를 양보하니 국인들이 태백(太伯) 우중(虞仲)에 비유하였다.

1471년(성종 2) 선생(先生)을 낳았는데 어릴 때부터

밀양박씨(密陽朴氏)

위엄이 늠름하여 다른 아이들보다 특이하여 아버지 참판공이 이름을 영(英)이라 명명하고 자를 자실(子實)이라 하였다.

5세 때 참판공이 별세하고 7세 때 어머니 정부인(貞夫人)이 별세했으며 10세 때 조모 숙부인(叔夫人)이 별세하여 3년 상사를 마치지 못했는데 조부 안동공(安東公)이 별세하였다. 선생의 나이 12세에 승중상(承重喪 : 아버지를 여윈 맏아들로서 조부모의 돌아감을 당한 초상)을 입어 3년 동안 묘 곁에서 기거하며 무술을 익히고 16,7세에 용맹이 세상에 알려졌다.

21세 때 원수(元帥)인 이극균(李克均)을 따라 건주(虔州)의 전쟁에 참여하고 1492년(성종 23)에 무과에 급제하여 열사(烈士)가 되고 1494년에 강정왕(康靖王)이 승하하여 세자를 임금으로 책입하였으니 이분이 연산군이다.

선생(先生)은 정치가 어지러울 줄 알아 즉시 벼슬을 버리고 향리로 돌아와 낙수(洛水) 위에서 기거하며 당시 명유인 정붕(鄭鵬)・박경(朴耕)과 교류하며 스승과 벗을 삼고 정씨(鄭氏)를 종유하여 대학(大學)과 경전(經傳)을 강론하고 학문에 통달하여 원근 사람들이 스승으로 모셨다.

1509년(중종 4)에 선전관(宣傳官)으로 임명되었으나 벼슬에 임하지 않고 1510년 삼포(三浦)의 왜놈들이 난을 일으켜 군사를 동원 토벌할 때 공이 조방장(助防將)으로 특별 임명되어 창원(昌原)으로 나갔으며, 평정된 후 다시 벼슬하지 않고 3년 후 황간 현감(黃磵縣監)에 임명되어 치적이 뛰어나 강계도호부사(江界都護府使)로 발탁되고 또 3년

밀양박씨(密陽朴氏)

후에 의주목사(義州牧使)에 임명되었으나 부임하지 않았으며 소환되어 동부승지(同副承旨)에 임명되어 좌승지(左承旨)에 이르고 1519년(중종 14)에 병조참판(兵曹參判)으로 승진 임명되었다.

이때 조광조(趙光祖) 등이 경전의 학술로 치국하는 도리를 드렸는데 모두 삼대(三代 : 하나라, 은나라, 주나라)에 걸친 중국의 고사(古事)였다. 당시 추종한 선비들이 많았으나 소인(小人)들의 질투가 많았다. 선생은 마음으로 근심하며 즉시 병을 사칭하고 돌아왔다. 그해 여름에 하성절사(賀聖節使)로 명나라에 갔다가 겨울에 복명했는데 조광조 등이 죄를 입고 조광조는 마침내 사약을 받았으며 선생은 강등되어 서추(西樞)에 있다가 김해도호부사(金海都護府使)가 된 지 1년이었다. 이때 선량한 사람은 배척되고 선생(先生)도 삭탈 관직되어 고향으로 돌아왔다. 그해 겨울에 무고(誣告)한 사건이 있었는데 동도윤(東都尹)·유인숙(柳仁淑)과 권력자를 내쫓기로 도모했다 하여 의금부로 불러 문초하며 사형을 논했으나 선생은 꿋꿋이 변론하여 그런 사건이 없었음을 극언하여 무고자가 도리어 죄를 입고 선생(先生)은 석방되었다.

16년 동안 낙수(洛水)에서 기거하며 두문불출하고 오로지 학문만을 닦아 학자들이 송당선생(松堂先生)이라 호칭했으며 권력자가 폐출됨에 따라 왕께서 다시 선량한 사람을 불러 등용하였다. 선생도 영남좌절도사(嶺南左節度使)가 되고 1540년(중종 35)에 별세하니 향년 70세요, 동부(同府)에서 20리 떨어진 관동에 장례 드렸다.

처음 정붕(正鵬) 박경(朴耕)이 선생(先生)을 방문했는데 정씨(鄭氏)가 냉산(冷山)을 가리키며 묻기를
"산(山) 밖은 무슨 물건인가."
선생이 대답하지 않거늘 다시,
"그대가 산 밖이 무슨 물건인지 아는가."
하고 물으니 선생이
"산 밖에도 또한 앞산이라."
하니 정씨(鄭氏)가 훈연이 기뻐했다.

선생(先生)은 일찍이 회암(晦菴)의 《백록동규해(白鹿洞規解)》,《오교학서(五敎學序)》,《수신(修身)》,《처사(處事)》,《접물(接物)》 등 오편(五篇)을 저술했으니 인륜(人倫)의 근본으로부터 도(道)의 일관성을 추리하여 치국의 학술을 다하고 삼대(三代)가 그의 문장을 덜고 더하였다.(中略)

선생(先生)은 26세에 처음 마음을 가다듬어 독서하여 이미 학문을 쌓아 통달하고 스스로 터득함을 으뜸으로 여기고 어려운 소문경(素問經)을 통달해 사방(四方)의 풍토괴질을 잘 치료하여 남방(南方)의 의사들이 색상(色相 : 얼굴빛을 보아 진단함)의 변화론을 전하여 읽었다. 선주(善州)는 예부터 호걸의 선비가 많다고 하였으니 김주(김澍)·길재(吉再)·김숙자(金叔滋)·김종직(金宗直)·이맹전(李孟專)·정붕(鄭鵬)·하위지(河緯地) 등 7명과 선생(先生)이며 금오(金鰲)에 사당이 있고 황간현(黃澗縣)에도 사당을 세워 제사 드린다.

명(銘)에 이르되,

철인(哲人)의 높은 기풍, 군자의 표상, 멀리 가고 높이 서서 세속의 요란함에서 떠나 무궁(無窮)을 유람하고 오묘함에 들어가 천인(天人)의 가르침 관철하였네.

박 조(朴 藻)

1482년~1521년. 자는 사결(士潔). 밀성군 박광영(朴光榮)의 아들로 존성재(存誠齋) 박미(朴楣)의 손자이다. 외조는 첨정(僉正) 중화인(中和人) 양석견(楊石堅), 배위는 행주기씨(幸州奇氏)이고 처부(妻父)는 응교(應敎) 기찬(寄欑)이다. 중종조에 귀후별제(別提)로 별세하였다. 1521년 응천군(凝川君)에 봉군되고 이조판서(吏曹判書)에 증직되었다.

박 훈(朴 薰)

1484년~1540년. 강수공파(江叟公派) 파조(派祖). 자는 형지(馨之), 호는 강수(江叟). 교리 박증영(朴增榮)의 아들로 예조참의(禮曹參議) 박미(朴楣)의 손자이다. 외조는 죽산인(竹山人) 현감(縣監) 박영달(朴英達), 배위는 정경부인 밀양변씨(密陽卞氏), 처부는 참봉 변기지(卞紀之)다. 1504년(연산군 10) 식년 생원시(生員試)에 오르고, 정암(靜菴) 조광조(趙光祖)와 도의(道義)의 교분(交分)을 맺었다. 의영고 주부(義盈庫主簿), 보은 현감(縣監)을 거쳐 사헌부 감찰(司憲府 監察), 공조(工曹)와 형조(刑曹)의 좌랑(佐郎)을 거쳐 지평(持平)이 되었다. 1519년(중종 14)에 현량과(賢良科)에 병과로 급제하여 장령(掌令), 검상(檢詳),

밀양박씨(密陽朴氏)

사간(司諫), 동부승지(同副承旨)로 기묘사화(己卯士禍)에 성주(星州)로 유배되었다가 의주(義州)에 이배(移配)되고, 1532년 다시 안악(安岳)에 이배되어, 11536년 풀려나와 모친상을 당하여 애회(哀懷)로 몸이 상하여 세상을 떠났다. 청주의 신항서원(莘巷書院)에 배향했다. 이조판서(吏曹判書)에 증직되고 시호는 문도(文度)이다.

묘갈명(墓碣銘 : 成運 지음, 國朝人物考 수록)

박씨(朴氏)가 현저한 성(姓)이 된 것이 신라왕(新羅王)인 시조(始祖)의 뒤로부터이니 본래 귀족이었다. 선대에 이름난 사람과 알려진 선비가 많아 서로 이어 높고 큰 벼슬을 하여 이름이 국사와 가첩에 등재되어 뚜렷이 나타났으며 세대가 오래 이어져 후손에 이르러 휘 절문(切問)이 찬성에 추증되었으니 공에게 고조가 되며 찬성공이 정난공신(靖難功臣)으로 밀산군(密山君)에 봉작된 휘 중손(仲孫)을 낳고 밀산군(密山君)이 예조참의인 휘 미(楣)를 낳았다.

참의공(參議公)의 아들을 휘 증영(增榮)이라 하는데 박훈의 아버지이며 사람됨이 체격이 크고 훌륭하며 널리 통하여 아는 것이 많아 경전과 사기를 통달하고 문장이 당시의 제일로 명성이 뛰어났다. 젊을 때 과거에 급제하고 이어 중시(重試)에 합격하여 요직을 역임하고 문장에 능했으며 29세에 홍문관(弘文館) 교리(校理)로 별세하니 성종(成宗)이 애석히 여겼다. 어머니는 박씨(朴氏)니 현감 영달(英達)의 딸이다.

공은 교리공(校理公)의 아들이니 휘는 훈(薰), 자는 형지(馨之), 호는 강수(江叟)이다. 어릴 때부터 장중하고 말이 적으며 일정한 곳에 항상 앉으며 여러 아이들을 따라 함께 놀지 않으며 노는 기구는 손에 가까이 하지 않아 사람들이 특이하다고 지목하였으며 조금 자란 후 하루는 창연히 자각하여 마음속으로 말하기를

"불쌍한 소자(小子)야, 9세 때 아버지를 잃어 가정교훈을 듣지 못했는데 지금 내가 스스로 힘써 배우지 않으면 입신양명하여 선인(先人)의 덕업을 계승하지 못한다."

하고 분발하여 뜻을 가다듬어 사서오경(四書五經)과 주공(周公) 정자(程子) 장자(莊子) 주자(朱子)의 성리서(性理書)를 가지고 장막으로 내려와 주야로 독송하여 의리(義理)를 연구하고 몸소 실천하여 완전히 익숙한 후 그쳤으며 또한 제자백가(諸子百家)의 학설을 통하여 그의 원류를 연구 답습하여 관통하고 오로지 힘써 학문을 연구하며 과거공부는 즐겨하지 않아 하루도 힘을 나누어 과거공부를 하지 않았으며 비록 어머니가 계시기 때문에 시험장에 나가 기예를 시험했으나 자기의 뜻은 아니었다.

1504년(연산군 10)에 사마시(司馬試)에 합격했는데 공의 나이 젊었었다. 이교리(李校理) 탄수(灘叟)가 공과 함께 합격하고 공을 칭송하며

"우리의 합격자 중 영특한 재능을 가진 선비 많으나 학문을 좋아하여 게으르지 않고 행실을 닦아 자신을 지킨 자는 나의 벗 박군(朴君) 형지(馨之)가 으뜸이다.

하였다. 이로부터 훌륭한 명성이 더욱 전파되어 고관들이 다투어 추천하여 의영고(義盈庫) 주부(主簿)로 특별 임용되고 다시 보은현감(報恩縣監)에 제수되어 부임치 않았을

밀양박씨(密陽朴氏)

때 담론자가 말하기를

"왕 곁에 두어 왕의 과오를 바로잡아 고치게 함이 이 사람의 직무가 아니겠는가. 지금 외직인 현감이 되었으니 이것은 현인을 등용하는 법이 아니니 이조(吏曹)의 실책이 아니겠는가."

하니 듣는 이가 그렇다 하여 즉시 고쳐서 감찰(監察)에 임명하고 공조좌랑(工曹佐郎)으로 전보되고 다시 사헌부(司憲府) 지평(持平)으로 옮겼다. 이때 국가에서 현량과(賢良科)를 신설하고 어진 인재를 뽑을 때 약간 명을 취했는데 공의 이름이 올랐었다. 사림(士林)들이 경하하여 기뻐했으며 승진하여 장령(掌令)이 되고 검상(檢詳)·사간(司諫)을 역임하고 오래지 않아 동부승지(同副承旨)에 특별 임명되었으니 이해가 1519년(중종 14)이다.

공이 간관(諫官)이 되어 직언하고 몸을 바르게 하며 탄핵을 회피하지 않아 간사하고 아첨한 무리의 기가 꺾이고 쇠퇴하여 문란해진 풍속에 새바람을 일으켰으며, 정원(政院)에 있을 때는 친지에게라도 자기만을 주장하는 말을 금하고 왕명 출납을 진심으로 하여 덕교(德敎)를 선양하고 타직에 있으면서도 모두 높은 업적이 있어서 조정이 믿고 중히 여겨 국가의 대들보라 하였다.

그러나 애석하게 간사한 흉도들이 증오하여 원수와 적처럼 여겨 무리들과 합심하여 궁문을 열고 야간에 잠입하여 성문을 열어 거짓말로 남을 무고하고 임금의 마음을 움직여 어진이를 배척하고 죽여 한 사람도 그들의 계략에 벗어나지 못했다. 공은 처음 성주(星州)로 유배되었는데 오히려 가깝게 여겨 다시 의주(義州)로 유배시키니 사람들은 공이 위태롭다 여기고, 혹자는 화가 그치지 않았음을 두려워했으나 공은 두려워하지 않고 마음이 평온하고 기색이 바르며 호연한 모습을 보였으니 생사에 동요하지 않음이 이와 같았다.

유배지에 이르러 몸이 만리타향의 죄수 되어 몸소 사당의 제사에 참석지 못함을 애통하며 조부와 부모의 제사일과 사시절 중월(仲月)을 맞으면 목욕재계하고 지방을 써서 신위를 설치하여 제사하며, 계실 때처럼 지성을 다하고 제사 드리는 음식을 극력 구비하여 집에 있을 때보다 풍부하였다. 이때 13년이 지나 흉도들도 죄로 죽음을 당했다. 이로부터 공평한 논의가 점점 일어나 공을 안악(安岳)으로 이감하고 3년 후에 사환의 은전을 입어 고향으로 돌아왔다.

고향에는 어머니도 무고(無故)하였다. 공은 모실 때 항상 낯빛을 유순히 하고 조금도 기거하는 곁을 떠나지 않으며 말씀에 순종하고 심지를 위안하며, 봉양하는 도구에는 의복은 부드럽게 해서 몸에 알맞게 하고 음식은 감미로워 입을 기쁘게 하며 모든 것을 완전 준비하고 병이 있으면 의사를 부르고 약을 구하며 땔감에 불을 붙여 몸소 삶고 끓여 맛본 후 드리고 그런 일이 끝나면 집을 청소하고 자신이 대신 병을 앓도록 하늘에 기도했으며 상사를 당하여서는 가슴을 치고 땅을 구르며 하늘을 불렀다. 눈물이 다하여 피를 흘리며 거적자리 위에 엎드려 비록 밤이라도 상복을 벗지 않았다. 기운이 고갈되고 형체가 수척하여 드디어 병이 되어 1540년(중종 35) 3월 20일 상사 중에 별세하니 관료와 민간인들이 놀라고 슬퍼했으며 향년 57세였다. 천내산(川內山) 선조의 묘 곁에 부장하여 예절을 다했다.

공은 천성이 순수하며 덕행과 재능이 자연스럽게 이루어지고 행동이 정정(正貞)하고 법도에 맞으며 마음이 관대하고 인자하며 남들과 거스름이 없었다. 날마다 별을 보고 일어나 머리 빗고 관을 쓰고 자리를 정돈한 후 무릎을 꿇고 앉으면 어깨와 등이 곧고 곧아 엄연히 그림 속의 형상 같았다. 공은 집에서는 효제로 근본을 세워 늙은이와 어린이가 기뻐하였으며 은혜로 사랑하고 예법으로 정제하여 상하(上下)가 조리 정연하여 문란하지 않았다. 자신은 검소하여 의복은 몸을 가릴 뿐이며 화려함을 물리쳐 버리고 아침과 점심의 반찬은 몇 가지에 그쳤으며 진미를 장만하지 않았다. 좌우에 두고 항상 가지고 쓰는 물건은 모두 볼품없고 초라하며 단칠(丹漆 : 붉은 칠)과 금옥으로 꾸민 것이 없었으며 남을 접대할 때 화기(和氣)가 이마와 눈썹 사이에 떠오르며 말을 다하지 않고 상처를 줄까 두려워했으나 시비를 분석하고 사정(邪正)을 분별할 때는 말이 칼날처럼 날카로워 보검으로 추광(秋光)을 자르듯 하였다. 항상 은혜를 베풀고 남을 구제하는 일에 마음을 써서 봉급을 받으면 가난하여 가정을 지탱하지 못하는 친구들에게 먼저 나누어 주고 결혼, 상사, 장례 때도 후히 주어 그의 불급함을 도와 봉록이 다하여 저축이 없었다.

교류한 사람들은 당시 덕행이 높은 사람과 이름난 현인들이었고 더욱 조대헌(趙大憲)·정암(靜庵)과 가장 친하여 서로 마음을 통했으며 정암도 공을 존경하여 나라에 큰 정사가 있으면 반드시 공과 의논하여 공이 가하다 하면 시행하고 불가하다 하면 시행하지 않았다.

이르는 곳마다 풍채를 우러러보며 수중 생물의 으뜸인 거북과 용 같아 만나는 사람들 모두 무엇에 비유하지 못할 정도의 위풍당당함을 지녔다.(中略)

아아, 철인(哲人)의 탄생이 어찌 우연이겠는가! 하늘이 이미 높은 덕과 뛰어난 재주를 주고 또한 그의 몸에 대임(大任)을 내린다. 공이 처음 조정에 벼슬하여 하늘에서 받은 바를 시행하여 일세(一世)를 경영하기를 바랐는데 일차 무고한 말에 걸려들어 축출당하여 생을 마치고 폐기되어 등용하지 않아 왕을 보필할 뜻을 끝내 행하지 못했으니 때인가 운명인가. 아아, 애통하다!

명(銘)에 이르노니,

난초가 어찌 향기롭지 않으리오. 냄새나는 풀이 가리고 탈취했기 때문이며 사람이 어찌 어질지 않으리오. 간사한 칼날이 성내 찔렀기 때문이다. 도(道)는 굴복되고 몸은 죽었으나 아름다운 이름 더욱 빛나 곧은 옥돌에 명(銘)을 새기노니 장구히 전하리.

박 혜(朴 蕙)

1486년~1543년. 주부공파(主簿公派) 파조(派祖). 자는 혜지(蕙之). 강수(江叟) 박훈(朴薰)의 아우, 교리(校理) 박증영(朴增榮)의 아들이다. 외조는 현감(縣監) 박영달(朴英達), 배위는 공인 성주여씨(星州呂氏), 처부는 감역(監役) 여우창(呂遇昌)이다.

의영고 주부(義盈庫主簿)를 역임하였으며, 사형(舍兄) 강수공(江叟公)이 귀양 중에는 낙향(落鄕)하여 노모를 모시고 농사를 지어 집안을 다스렸다.

박 빈(朴 蘋)

1487년~1546년. 자는 빈지(蘋之). 증좌승지(贈左承旨) 박안영(朴安榮)의 아들로 생부(生父)는 밀성군 박광영(朴光榮)이다. 외조는 해평정씨(海平鄭氏), 배위는 청주한씨(淸州韓氏), 처부는 한백(韓伯)의 딸이다. 사마시에 합격하고 사도시정(司䆃寺正), 전주 부사(全州府使), 강화 부사(江華府使)를 역임하였다. 1546년(명종14)에 이조 참판(吏曹參判)을 증직받았다.

박 난(朴 蘭)

1495년~1542년. 자는 양숙(養叔), 호는 오정(梧亭). 응천군 박조(朴藻)의 아우로 밀성군 박광영(朴光榮)의 아들이며, 존성재(存誠齋) 박미(朴楣)의 손자이다. 외조는 첨정(僉正) 중화인(中和人) 양석견(楊石堅), 배위는 정경부인 전주이씨(全州李氏), 처부는 나성령(羅城令) 이청(李淸)이다. 1513년(중종 8) 사마시(司馬試)에 합격하여 봉상시 첨정(奉常寺僉正)을 거쳐 고원 군수(高原郡守) 북평사(北評事)를 역임하였다. 후에 아들 박숭원(朴崇元)의 귀(貴)로 밀평부원군(密平府院君)에 습봉(襲封)되고 순충적덕보조공신(純忠積德輔祚功臣) 영의정(領議政)에 증직되었다.

밀양박씨(密陽朴氏)

박 이(朴 苡)

1497년~1563년. 자는 이지(苡之). 응천군 박조(朴藻)의 아우로 밀성군 박광영(朴光榮)의 아들이며, 존성재 박미의 손자이다. 외조는 중화인(中和人) 첨정(僉正) 양석견(楊石堅), 배위는 정경부인 장수황씨(長水黃氏)와 평양조씨(平壤趙氏)이고 처부는 장원군(長原君) 황맹헌(黃孟獻), 현령(縣令) 조원신(趙元信)이다. 1516년(중종 11)에 사마시(司馬試) 뽑혀 내자시 부정(內資寺副正)으로 별세하였다. 아들 박호원(朴好元)의 귀(貴)로 좌찬성(左贊成)에 증직되었다.

박충원(朴忠元)

1507년~1581년. 자는 중초(仲初), 호는 낙촌(駱村) 또는 정관재(靜觀齋). 귀후서(歸厚署) 별제(別提) 박조(朴藻)의 아들로 밀성군 박광영의 손자이다. 외조는 행주인(幸州人) 응교(應敎) 기찬(奇欑), 배위는 성산이씨(星山李氏)이며 처부(妻父)는 첨정(僉正) 이인수(李麟壽)이다. 외숙(外叔)인 복재(服齋) 기준(奇遵)에게 배우고 1528년(중종 23) 식년 생원시(生員試)에 장원하고 동 진사시(進士試)에도 장원하였다. 1531년(중종26) 식년(式年) 문과에 을과(乙科)로 급제하고 홍문관 정자(丁字), 교리(校理)가 되었다. 1536년 원접사(遠接使) 소세양(蘇世讓)의 종사관(從事官)으로 홍춘경(洪春卿) 조사수(趙士秀)와 함께 의주에 나아가 명나라 한림원 수찬(修撰) 공용경(龔用卿)과 오희맹(吳希孟)을 접반(接伴)할 때 밀성익보(密城翼輔)란 넉자를 증정하였다. 직강(直講)에서 물러나 1541년(중종 36)에 영월 군수(寧越郡守)로 부임하여 단종의 헌신과 화답하여 노산묘(魯山墓)를 천장(遷葬)하고 제문(祭文)을 지어 치제(致祭)하였다. 1545년 군자감 부정(軍資監副正)이 되어 명나라 부사 왕학(王鶴)을 반송사(伴送使)가 되었다. 1546년(명종 1)에 성천부사(成川府使)로 중시(重試)에 병과(丙科)로 급제하여 시강원설서(侍講院設書)로 사가독서(賜暇讀書)하였다. 1550(명종 5) 동부승지(同副承旨)를 거쳐 대사성(大司成)이 되었다. 1552년(명종 7) 사재(私財)로 독서당(讀書堂)에 회문루(會文樓)를 지었다.

좌통례(左通禮)로 춘추관 편수관(春秋館編修官)을 겸하여 《중종실록(中宗實錄)》, 《인종실록(仁宗實錄)》의 편찬에 참여하였다. 1553년(명종 8) 성절사(聖節使)로 중국을 다녀와 도승지(都承旨)를 거쳐, 병조 참판(兵曹參判)이 되어 밀원군(密原君)을 습봉받았다. 대사헌, 대사간을 지내고 황해(黃海), 전라 관찰사(全羅觀察使)를 거쳐 예조, 공조, 형조, 호조, 병조의 판서에 이르렀다. 1566년 이황(李滉)의 뒤를 이어 양관(兩館) 대제학을 겸하고 명종이 '대제학 병조판서 박충원'이란 글자를 내렸다. 원접사 접반사를 여러 번 거쳐 이조 판서, 판의금 부사, 우찬성, 좌찬성을 지냈다. 밀원군(密原君)에 봉군되었다. 시호는 문경(文景)이다.

밀양박씨(密陽朴氏)

박효원(朴孝元)

1511년~?. 경력공파(經歷公派) 파조(派祖). 자는 수초(遂初). 낙촌(駱村) 박충원(朴忠元)의 아우로 응천군(凝川君) 박조(朴藻)의 아들이며, 밀성군(密城君) 박광영(朴光榮)의 손자이다. 외조는 응교(應敎) 기찬(奇欑), 배위는 파평윤씨(坡平尹氏), 처부는 윤화필(尹華弼)과 양주인(楊州人) 조한종(趙漢琮)이다. 1555년(명종 10) 식년 진사시(進士試)에 올라 충훈부 경력(忠勳府經歷)을 거쳐 삭령 현감(縣監)을 지냈다.

박인원(朴仁元)

1514년~1577년. 전한공파(典翰公派) 파조(派祖). 자는 덕초(德初). 오정공 박난(朴蘭)의 아들로 밀성군 박광영의 손자이다. 외조는 나성령(羅城令) 이지(李漬), 배위는 파평윤씨(坡平尹氏), 처부는 호군(護軍) 윤현손(尹賢孫), 평산인(平山人) 평원군(平原君) 신수인(申壽麟)이다. 1552년(명종 7) 임자(壬子) 4월 식년시(式年試) 문과에 종제(從弟) 판서 박호원(朴好元), 참판 박근원(朴謹元), 종질(從姪) 판서 박계현(朴啓賢)과 함께 급제하였다. 1562년(명종 17)에 시강원 필선(侍講院弼善), 1563년(명종 18)에 사예(司藝), 1564년(명종 19)에 지평(持平), 1530(선조 3)에 전한(典翰), 종부시 정(宗簿寺正)에 이르러 별세하였다.

밀양박씨(密陽朴氏)

박계현(朴啓賢)

1524년~1580년. 자는 군옥(君沃), 호는 관원(灌園) 또는 근사재(近思齋). 낙촌 박충원(朴忠元)의 아들로 밀산군 박조(朴藻)의 손자이다. 외조는 성산인(星山人) 첨정 이인수(李麟壽), 배위는 정부인 선산김씨(善山金氏), 처부는 생원 김지손(金智孫)이다. 1543년(중종 38) 식년 진사시(進士試)에 장원, 1550(명종 5) 전시(殿試) 제술시험(製述試驗)에서 우등, 1552년(명종 7) 4월 식년시(式年試) 문과에 을과로 급제하였다. 권지 정자(權知正字), 검열(檢閱)을 거쳐 1554년(명종 9) 홍문관 박사(弘文館博士)에 서용되고, 부수찬(副修撰)에 올라 사가독서(賜暇讀書)하였다. 1555(명종 10) 왜변에 평안도 감군어사(平安道監軍御使). 경상도 평사(慶尙道評事)를 다녀왔다. 수찬(修撰)으로 불려 들어와 병조(兵曹)와 이조(吏曹)의 좌랑(佐郞)을 지냈다. 1556년(명종 11)에 동지사서장관(冬至使書狀官)으로 중국에 다녀왔다.

1557년(명종 12)에서 1558년(명종 13)까지 이조 정랑(吏曹正郎), 부교리(校理), 검상(檢詳), 사인(舍人), 장령(掌令)을 거쳐 교리(校理)를 겸하고, 직강(直講) 참교(參校)에 제수되었다. 1559년(명종 14) 특별히 장단부사로 나가 치적(治績)이 컸다. 1560년(명종 15) 당상계(堂上階)에 오르고 만포(滿浦)에 출진(出鎭)하여 지휘하였다. 윤원형(尹元衡)의 청혼을 거절하여 배척을 당하여 평산(平山)에 다녀와 우부승지(承旨), 1562(명종 17) 대사성(大司成), 1563년(명종 18) 예조(禮曹), 병조(兵曹), 형조(刑曹)의 참의(參議)와 승지(承旨), 대사간(大司諫)으로 옮겼다. 1565년(명종 20) 도승지(都承旨), 한성 좌윤(漢城左尹), 대사헌(大司憲)으로 정사를 개혁하여 동인(東人) 서인(西人)의 당쟁(黨爭)을 억제하고자 힘썼으나 실패하였다. 1566년(명종 21) 성절사로 중국을 다녀와 경기관찰사가 되었다가 1567년(명종 22) 경상관찰사가 되어 유현을 숭상하고 정도를 부식하는 논의를 세우고 옥산서원(玉山書院)에 가서 제문(祭文)을 읽어 제사하여 사림(士林)이 용동(聳動)하였다. 1568(선조 원년) 병조(兵曹)와 호조(戶曹)의 참판(參判), 대사헌, 대사간, 부제학(副提學) 겸동지의금부사(兼同知義禁府事), 오위도총부부총관(五衛都摠府副摠管)에 제수되었다. 1572년(선조 5) 진위정사서장관(陳慰正使書狀官)이 되어 중국을 다녀왔다.

1573년(선조 6) 병조 판서(兵曹判書)를 지내고 전라관찰사로 나가 운봉의 태조대왕 오랑캐 정벌 자취를 살펴 장계를 올려 비를 세워 후세에 보여줄 것을 청하고 돌아와 예조와 이조의 참판이 되고 도승지(都承旨)를 거쳐 형조판서가 되었다. 1573년(선조 6) 함경도 관찰사(觀察使)로 나가 탐오(貪汚)를 적발하였다. 1575년(선조 8) 전라도 관찰사가 되어 관내를 순행하다가 운봉(雲峰)에 이르러 이태조가 왜구를 정벌한 유적을 살펴보고 비석을 세울 것을 계청(啓請)하였다. 내직으로 돌아와 이조 참판으로 제학(提學) 겸지중추부사(兼知中樞府事)를 지냈다. 1577(선조 10) 지중추부사(知中樞府事)를 거쳐 공조 판서 겸 동지성균관사, 형조 판서(刑曹判書)을 지내고, 1580(선조 13) 병조 판서가 되었다. 지중추부사(知中樞府事)로 생애를 마쳤다. 시호는 문장(文章)이다.

밀양박씨(密陽朴氏)

비명(碑銘 : 沈喜壽 지음, 國朝人物考 수록)

현 영의정(領議政) 밀창(密昌) 박상공(朴相公)이 그의 조부(祖父)인 관원상공(灌園相公) 신도비문(神道碑文) 저술을 희수(喜壽)에게 부탁한 지 몇 해가 되었다. 신중을 기해 지체하다가 자신도 죽음에 이르렀음을 깨닫지 못했으니 밀창공(密昌公)의 준엄한 책망 있음이 당연하다. 가만히 여러 모로 생각하건대 관원공(灌園公)과 희수(喜壽)는 선대로부터 우의와 도와준 사은이 있는데 어찌 감히 스스로 문장에 익숙하지 못하다 하여 끝까지 사양하리오.

밀양박씨(密陽朴氏)가 신라 시조에서 근원하여 경사로움 깊고 아름다움 계승하여 세상에 이름난 가문이 되었으며 조선조에 들어와 휘 중손(仲孫)이 공훈으로 밀산군(密山君)에 봉작되고 시호는 공효(恭孝)니 공에게 오대조(五代祖)가 되며 예조참의(禮曹參議)인 휘 미(楣)와 형조참판(刑曹參判)인 휘 광영(光榮)과 이조판서(吏曹判書)에 추증된 휘 조(藻)는 공의 고조부, 증조부, 조부이다.

아버지는 이조판서(吏曹判書)인 휘 충원(忠元)이며 어머니는 정부인(貞夫人) 성산이씨(星山李氏)니 역시 명문우족으로 영의정인 직(稷)의 후예며 첨정(僉正)인 인수(麟壽)의 딸이다. 1524년(중종 19) 11월 병인(丙寅)일에 공을 낳았다.

임신 중 서광이 있었고 어려서 재주 뛰어났으며 조성(趙晟) 형제의 문하에 수학하여 일취월장 의젓하게 성숙하였다. 조공(趙公)은 공이 큰 그릇이 될 줄 알고 조공 누이의 딸을 공에게 시집보냈다.

1543년(중종 38) 진사(進士)에 일등으로 합격하고 1550년(명종 5) 정시(庭試)에서 장원하고 1552년 전시(殿試)

에 직접 참여하여 급제했다. 34년간 추천으로 승문원(承文院)에 들어가 정자(正字) 예문관(藝文館) 검열(檢閱) 옥당남상(玉堂南床)을 역임하고 부수찬(副修撰)으로 승진했으며 휴가를 주어 독서하게 하였으니 모두 중요한 위치였다.

1555년(명종 10) 을묘왜란(乙卯倭亂)으로 경상도 평사(評事)가 되었으니 역시 정밀히 선택한 서기(書記)로 선비와 장수를 육성함이다. 얼마 후 수찬(修撰)으로 소환되어 병조(兵曹)와 이조좌랑(吏曹佐郎)을 역임하고 1556년 겨울 서장관(書狀官)으로 명나라에 갔으며 1557년부터 1558년까지 이조정랑(吏曹正郎) 홍문관 부교리(弘文館副校理) 의정부(議政府) 검상(檢詳)과 사인(舍人) 사헌부(司憲府) 장령(掌令) 겸 교서관 교리(校書館校理)를 역임 중 성균관직강(成均館直講) 승문원 참교(承文院參校)에 임명되었다.

1559년(명종 14) 부교리(副校理)로부터 장단부사(長湍府使)로 특별히 임명되어 치적이 현저했으며 1560년 초옥(貂玉)으로 승진하고 진만포(鎭滿浦) 만호가 되었다. 일찍이 이조에 있을 때 관리로 임용한 자는 노진(盧稹)처럼 뛰어난 어진이가 있고 척리(戚里 : 임금의 내척과 외척)로 신인이 진출을 좋아하는 사람은 머리를 흔들며 추천을 불허하고 윤원형(尹元衡)이 공의 집과 결혼하고자 왕비의 교지를 빙자, 공갈 협박했으나 굳세게 불응하여 둘의 감정이 구성되어 함께 배척이 있을 텐데 공은 개의치 않고 의연히 출발하여 평산(平山)에 이르러 시를 지어 자신을 위로했으니 가슴에 감춰진 일만 군사 어찌 나에게 범하리오. 두

눈으로 성명(姓名)을 분별할 뿐이라 하니 듣는 자가 그의 의기를 고상히 여겼다.

　1563년(명종 18) 가을 국가가 개혁할 때 공이 처음 대사간(大司諫)이 되어 나머지 간당을 다스릴 때 관용을 힘쓰니 식자들이 위대하게 여겼으며 얼마 후 대사성(大司成) 예조참의, 병조참의, 형조참의와 승지와 대사간을 역임하고 1565년 도승지(都承旨)에 임명되었다. 이때 문정왕후(文定王后)께서 승하하여 명종(明宗)께서 상사로 병을 만나고 왕세자도 없어서 조야가 민망해 하는데, 공은 도승지로 큰 의론을 들어도 언어와 안색이 동요되지 않아 사람들이 어려운 일이라 하였으며 가을에 산릉(山陵)의 일을 완성하여 가선대부(嘉善大夫)로 승진하고 겨울에 제조시약청(提調侍藥廳)에 있다가 가의대부(嘉義大夫)로 승진했으며 한성좌윤(漢城左尹)을 거쳐 대사헌(大司憲)에 임명되었다. 이대 윤원형이 오랜 악정으로 축출된 초기로 변동된 것을 개혁하여 국민을 소생시키고 국가에 보익될 것을 조목조목 열거하여 논의하고 주청하니 여론이 상쾌하다 하였다.

　1566년(명종 21) 체직되어 병조(兵曹)에 임명하고 하성절사(賀聖節使)로 명나라에 갔다 돌아와 경기관찰사(京畿觀察使)가 되었으며 1567년 여름 사적인 연고로 체직되고 가을에 영남안절사(嶺南按節使)로 덕정을 베풀고 백성의 폐해가 된 것을 자문하였다. 이외에 학교를 흥하게 하고 어진 선비를 중히 여긴 것으로 급선무를 삼고 개연히 보고를 올렸다. 그를 요약하면 선정(先正) 신(臣) 이언적(李彦迪)이 오래 단절된 학문을 남겨진 경정에서 얻고 거취와 행동

밀양박씨(密陽朴氏)

이 오직 의리를 따랐다. 비록 그때 간신이 국정을 멋대로 하여 먼 곳으로 유배시켜 배척하고 죽였으나 선생의 본의는 아니었으니, 김굉필(金宏弼) 고사(故事)에 의하면

"높은 벼슬을 추증하고 아름다운 시호를 더하소서."

하였다. 이때 유교가 버려진 지 24년으로 공은 다행히 정치를 새롭게 하여 청명(淸明)한 때를 만나 처음 어진이를 높이고 정도를 보호하는 논의를 세우고 몸소 옥산서원(玉山書院)을 배알하여 제문으로 제사하니 사림(士林)들이 공경했다.

1568년(선조 1) 병으로 사직하고 다시 병조참판(兵曹參判), 호조참판(戶曹參判), 대사헌(大司憲), 대사간(大司諫), 지신사부학사(知申事副學士) 겸 동지의금부(同知義禁府) 오위도총관(五衛都摠管)에 임명되었으며, 1572년 조정의 논의로 공을 주청사(奏請使)로 천거하여 왕실의 혈통 고친 것을 사리로 따져 변명하려 했다.

출발하지 않았을 때 명나라 왕의 부음을 듣고 진위사(陳慰使)로 보내 갔다 왔으며 1573년 예조참판(禮曹參判)이 되고 얼마 후 함경도 감사가 되어 정치를 펴면서 탐욕하고 사악한 무리를 규탄하며 원한을 피하지 않았다.

1574년(선조 7) 어버이의 연로하심을 이유로 사직하고 돌아왔으며 1575년 호남에 왜인이 변란이 있어 공을 감사로 임명했다. 명을 듣고 달려가 금성군(錦城郡)에 부임하여 부서(部署)를 호령하니 군사의 위엄이 매우 엄숙하여 도민이 믿고 근심이 없었으며 운봉(雲峰)을 순시하다 태조(太祖)께서 북방 정벌의 자취를 보고 보고를 올려 비를

세워 후세에 보일 것을 주청하고 겨울에 사직하고 돌아온 후 예조참판을 거쳐 이조참판 겸 동지경연 홍문관 제학으로 옮겼다. 하루는 정석(政席)에 앉았는데 밀원공(密原公)이 총재에 등용되었음을 알렸는데, 이를 들은 즉시 물러났으니 세상에 드문 일이다.

1577년(선조 10) 승정원의 장관이 되고 인성왕후(仁聖王后)의 건강 악화가 가을에 쾌차하고 약 시중의 노고로 품계는 자헌대부(資憲大夫)를 주고 지중추부사(知中樞府事)가 되고 대사헌(大司憲)으로 전보되었다. 이때 선비들이 붕당이 동서로 나뉘어 박점(朴漸) 허봉(許葑)이 서로 사이가 나빠져 양편에서 공을 억제하여 여러 사람의 공격 대상이 되었다. 공은 탄식하며 국가가 붕당으로 손상되리라 하였다. 공조판서(工曹判書) 겸 동지성균관사(同知成均館事)에 임명되고 겨울에 병조판서가 되었으며 1579년에 밀원공(密原公)이 병이 위독하여 간절한 사직소를 올려 사직하고 약 시중을 들고자 하였다. 왕의 비답에 정의는 몹시 간절하되 형조판서는 책임이 막중하여 소원을 따르지 못하며 비록 어버이 병을 구원해도 임무를 살필 수 있다 하였으니 공이 치옥에 장기가 있어 대체가 어렵기 때문이다. 이때 희수(喜壽)가 정랑(正郞)으로 있으면서 송사 판결이 신 같음을 익히 보아 자연 흠탄 감복했다.

마침 혜성이 나타나 왕께서 정승을 찾을 때 공이 보고로 "조정의 불목이 성세의 복이 아니니 원컨대, 성상께서 깊이 성찰하소서." 하였으니 조급함을 진정시킴은 공의 본심이었으며 송나라 신하 여대방(呂大防)과 범조우(范祖禹)의

밀양박씨(密陽朴氏)

사람됨을 사모하여 벽 위에 게양한 것은 붕당을 세우지 않았기 때문이다.

1580년 2월에 대사마(大司馬)로 특별 임명한 것은 백성의 여망을 위로함이다. 을축(乙丑)년 이래로 부자(父子)가 명성을 나란히 하여 교대로 국가의 중임을 맡음이 계속 이어져 세상이 영화로 여겼다.

공은 근심과 두려움 날로 심하여 3월에 쌓인 노고가 병이 되어 한직인 지중추부사가 되었으며 4월 8일 정침에서 별세하니 향년 57세요, 부음을 듣고 왕께서 슬퍼하며 조회와 시장을 파하고 부의와 제수는 통례에 준했다.

공의 휘는 계현(啓賢), 자는 군옥(君沃), 자호는 관원(灌園)이니 풍채가 준랑(俊郞)하고 도량이 넓어 바라보면 위인 장자임을 알고 천성이 지극히 효도하여 부모를 섬김에 안색을 화순하며 방소를 가리지 않고 기쁘게 하였다. 그 예로, 밀원공(密原公)이 종기로 위독할 때 약 시중 들며 수개월 동안 옷을 벗지 않고 밤에도 자지 않으며 백발이 되도록 형제간에 우애하고 친척을 구제함이 일체 지성에서 나왔던 것이다.

집안의 재화 유무를 묻지 않고 남의 빈핍을 물어 힘에 따라 구원하며 벼슬에 임하여 기강을 세우고 폐습을 개혁하며 여러 번 대사헌(大司憲)이 되어 다방면의 극무와 앞에 가득한 안건을 크게 다스려 한마디 말로 지휘하되 의리에 부당함이 없었으며 충신으로 으뜸을 삼아 온화하고 후덕하며 평안하며 선을 좋아하고 선비 사랑이 자연적이었으며 처세는 교유를 힘씀이 없고 사람을 접할 때 마음을 비워

가식을 꾸미지 않고 기미를 보아 헤아린 자는 자신을 더럽힐까 두려워했으며 일생(一生)의 족적이 권세가의 문에 이르지 않으며 논의를 구차히 합하지 않고 훼손과 명예에 조금도 동요하지 않았다. 일찍이 종전의 명성을 현양함은 남의 힘을 빌리지 않고 실로 전후의 성은을 입어 이제 두 분 임금께 완전한 사람 되었으니 만족하다 하였다.

공무에서 손을 뗀 여가에는 독서로 즐기며 작은 누대를 지어 도서를 그 속에 저장하고 날마다 자제들과 강론하고 읊조리니 시와 문장은 충화, 한아하고 다듬고 치장하지 않았다. 때로는 사람에게 붓을 잡게 하고 입으로 수천 마디를 부르며 문장에 끝이 없되 스스로 적당히 자제했으며

"선비의 사업이 여기에 있지 않는데 나는 항상 근본을 얻지 못하고 한갓 기예(技藝)를 숭상하여 수치로 여긴다."

하고 간간히 술로 화락하며 숙연히 속세를 벗어난 의지와 취향이 있고 정승으로 왕을 보좌해야 한다는 예론이 당시에 성했으며 별세함에 조야가 함께 애석해 하며 이 사람의 수명이 여기에 그칠 뿐인가 하였다. 병이 위독하여 아우를 결별하며

"나는 반드시 회생하지 못하나 천명을 어찌 탓하리오. 다만 부모를 버리고 먼저 가니 불효막심하다."

"부모가 별세한 백 세 후에 몸과 혼백이 같은 산릉에 묻혀 애통함을 씻기를 원한다."

하였다. 임종 때 정신이 안정되고 염습 때 안색이 생시와 같았다.

아아, 특이하다! 이해 5월 임신(壬申)일에 고양군 두응촌

자좌오향에 장사하니 증조의 묘역이다.(中略)

　드디어 명(銘)하노니,

　곤륜산(崑崙山)의 보옥 악와수(渥洼水)의 천마(天馬)처럼 문건은 생산지에 따라 고하(高下)를 판별하나 사람이 가장 존귀함은 진실로 땅의 영기이며 높고 높은 슬산(瑟山), 차고 맑은 응천(凝川)의 영기로 신라 시조를 탄생시키고 조선조에 들어와 공효공(恭孝公)의 빛나고 빛남 대대로 벼슬하여 낙촌공(駱村公)에 이르고 낙촌공의 맏아들이 관원(灌園)일세.

　교훈을 받아 생장하여 문장과 예의에 뛰어나 정시(庭試)에 급제 논의와 책략 중외(中外)에 시험하고 왕실에 힘쓴 마음 물과 고기처럼 두 분 왕의 은전 받아 부자(父子)의 명성 연이었네. 요직을 두루 거쳐 상서로운 봉황새와 기린이 나타나고 요순의 풍요로움 이루었네.

　임진(壬辰)년에 가운 불행하여 잠시 문안을 폐했는데 영구히 부모 잃어 효성은 막막한데 일생은 봄눈처럼 춘추 60도 못 되어 높은 지위 혐오하여 구천에 돌아갔으나 좋은 경사 새로워 자손들 현저하여 조정의 으뜸 신하일세. 선조를 추모 공경하여 더욱 가문을 빛내고 훌륭한 자제 두고 아름다운 딸 낳아 태자(太子)와 배합되어 도신(塗莘)의 덕행과 짝되어 만세토록 도와 아름다움 무궁하다. 아아, 공의 무덤 함께 혁고하며 현각이 돌에 있어 동부(洞府)를 진압하리!

밀양박씨(密陽朴氏)

박근원(朴謹元)

1525년~1585년. 낙봉공파(駱峰公派)의 파조(派祖). 자는 일초(一初), 호는 낙봉(駱峰) 또는 망일재(望日齋). 박빈(朴蘋)의 아들로 밀성군 박광영의 손자이다. 외조는 한백(韓伯), 배위는 전주최씨(全州崔氏)와 평양조씨(平壤趙氏), 처부는 현감 최유(崔崙)과 증판서 조원명(趙元命)이다. 1552년(명종 7) 식년시(式年試)에 병과로 급제하여 종형제(從兄弟)와 종질(從桎)이 동방(同榜)하였다. 1555년 예조 좌랑(禮曹佐郞), 1558년 지평(持平)을 거쳐 검상(檢詳), 장령(掌令), 응교(應敎). 1562년 집의(執義)를 거쳐 동부승지(同副承旨), 1566년 호조 참의(戶曹參議), 1569년 천추사(千秋使)로 명나라에 다녀왔다. 1570년 대사간(大司諫), 1572년 도승지(都承旨), 대사헌(大司憲), 1574년(선조 7) 이조 참판(吏曹參判)을 거쳐 경기(京畿), 경상관찰사(觀察使)를 역임하였다. 1583(선조 16)에 동서 분당으로 노쟁이 심할 때 병조판서 이이(李珥)를 송응개(宋應漑) 허봉(許篈) 등과 함께 탄핵했다가 강계(江界)로 귀양 갔다가 노수신(盧守愼)의 상소로 풀려나 배소(配所)에서 서세(逝世)하였다. 이조 판서에 증직되었다.

박신원(朴愼元)

자는 계초(季初). 선곡공(仙谷公) 박안현(朴顔賢)의 아버지로 통훈대부 행강화도호부사 시정공(寺正公) 박빈(朴蘋)의 아들이며, 낙봉근원(駱峯謹元)의 아우이다. 외조는 직장한백(直長韓伯),

배위는 전주최씨(全州崔氏)와 전주이씨(全州李氏), 처부는 군수(郡守) 최사립(崔斯立)과 부림부정(缶林副正) 이건(李建)이다. 1555년(명종 10) 식년 진사시(進士試)에 올라 1564년(명종 19)에 곡산 현감(谷山縣監)을 거쳐, 1574년(선조 7) 청송 부사(靑松府使)를 역임하였다.

박호원(朴好元)

1527년~1584년. 송월당공파(松月堂公派) 파조(派祖). 자는 선초(善初), 호는 송월당(松月堂). 통훈대부 남평현감 부정공 박이(朴苡)의 아들로 밀성군(密城君) 박광영(朴光榮)의 손자이며, 존성재(存誠齋) 박미(朴楣)의 증손이다. 외조는 황맹헌(黃孟獻), 배위는 광주김씨(光州金氏), 처부(妻父)는 김명윤(金明胤)이다. 1546년(명종 1) 식년 진사시(進士試), 1552년(명종 7) 4월 식년시(式年試)에 병과로 급제하여 삼종형제(三從兄弟) 및 종질(宗姪)과 동방(同榜)하였다. 1557년(명종 12) 부수찬(副修撰), 수찬(修撰), 교리(校理), 1561년(명종 16) 시강원 문학(文學) 보덕(輔德), 1567년(명종 22) 좌부승지(左副承旨), 충청도 관찰사를 거쳐 1576년(선조 9) 대사헌(大司憲), 1580년(선조 13) 호조판서(戶曹判書), 1583년(선조 17) 의정부 좌참찬(議政府左參贊)을 지냈다. 좌찬성에 증직되었다.

박승원(朴崇元)

1532년~1592년. 충정공파(忠靖公派) 파조(派祖). 자는 상초(尙初), 호는 졸재(拙齋). 전한 박인원(朴仁元)의 아우로 오정(梧亭) 박란(朴蘭)의 아들이며, 밀성군 박광영(朴光榮)의 손자이다. 배위는 전주이씨(全州李氏)와 풍양조씨(豊壤趙氏)이며, 처부는 조언국(趙彦國)이다. 1564년(명종 19) 진사시(進士試), 별시(別試)에 급제하여 좌우승지(左右承旨), 한성부 좌윤(漢城府左尹)을 거쳐, 강원(江原), 평안(平安), 전라(全羅), 충청(忠淸)의 관찰사(觀察使)를 역임하였다. 이어 대사헌(大司憲)으로 임진란에 용만(龍灣)으로 호가(扈駕)하고 도승지(都承旨), 예문 제학(藝文提學), 한성판윤(漢城判尹)으로 별세하였다. 1604년(선조 37)에 호성일등공신(一等功臣)에 좌찬성(左贊成)을 추증하고 밀천군(密川君)에 봉하였고, 1834년(순조 34)에 양관(兩館) 제학(提學)에 추증되고, 시호는 충정(忠靖)이며 부조전(不祧典)을 내렸다.

박응현(朴應賢)

별좌공파(別坐公派) 파조(派祖). 자는 계옥(季沃). 관원 계현(啓賢)의 아우로 낙촌(駱村) 박충원(朴忠元)의 아들이고, 응천군(凝川君) 박조(朴藻)의 손자, 밀성군(密城君) 박광영(朴光榮)의 증손이다. 외조는 첨정(僉正) 이인수(李麟壽), 배위는 광주정씨(光州鄭氏)이며 처부는 현감(縣監) 정기(鄭耆)이다. 1532(중종 27) 사마시(司馬試), 전함사별좌(典艦司別坐)에 급제하여 진사

(進士)가 되고, 전함사별좌(典艦司別坐)를 거쳐 강화도호부사(江華都護府使)를 역임하였다.

박춘성(朴春成)

1535년~1617년. 자는 인서(寅瑞), 호는 양촌(陽村). 절도사 박대손(朴大孫)의 증손(曾孫)으로 참봉 박승명(朴承明)의 아들이며, 박권(朴權)의 손자이다. 외조는 덕수인(德水人) 이정식(李廷植), 배위는 광주이씨(光州李氏)이다. 1592년(선조 25) 임진왜란에 임금의 어가(御駕)를 용만(龍灣)까지 호종하여 호성원종(扈聖原從)의 훈공(勳功)으로 병조 판서(兵曹判書)에 추증되고 밀산군(密山君)에 봉해졌다. 남원 삼충사(三忠祠)에 배향하였다.

박춘훤(朴春萱)

호는 죽림(竹林). 절도사 박대손(朴大孫)의 증손으로 참봉 박승욱(朴承煜)의 아들이며, 박권(朴權)의 손자이다. 배위는 월성손씨(月城孫氏), 처부는 손병문(孫秉文)이다. 임진왜란에 종형(從兄) 박춘성(朴春成)과 함께 임금의 어가(御駕)를 용만(龍灣)까지 호종한 공으로 대사간(大司諫)에 증직되었다.

박용현(朴用賢)

참군공파(參軍公派) 파조(派祖). 자는 명치(鳴治). 관원(灌園) 박계현(朴啓賢)의 아우로 낙촌(駱村) 박충원(朴忠元)의 아들이며, 응천군(凝川君) 박조(朴藻)의 손자, 밀성군(密城君) 박광영(朴光榮)의 증손이다. 외조는 첨정(僉正) 이인수(李麟壽), 배위는 곽씨(郭氏)이며, 처부는 동지(同知) 곽순수(郭舜壽)이다. 10세에 효경(孝經)을 수학하고, 15세에 사서(四書)를 정통하여 약관의 나아로 출사(出仕)하여 한성부 참군(漢城府參軍)을 역임하였다. 1562(명종 17) 25세의 젊은 나이로 별세하니 백씨(伯氏) 박계현(朴啓賢)의 4남 박안도(朴安道)로 사위(嗣位)를 이었다.

박안세(朴安世)

자는 기지(器之). 영의정 박승종의 아들로 병조 판서 문장공(文莊公) 박계현(朴啓賢)의 아들이며, 낙촌 박충원(朴忠元)의 손자이다. 외조는 생원 김지손(金智孫), 배위는 정경부인 창원황씨(昌原黃氏), 처부는 의창군(義昌君) 황림(黃琳)이다. 1616년(광해 8) 돈령부 도정(敦寧府都正)을 거쳐 자헌대부(資憲大夫) 지돈령 부사(知敦寧府使)를 역임하고, 응원군(凝原君)에 봉군되었다.

박순원(朴舜元)

승지공파(承旨公派) 파조(派祖). 자는 응초(應初). 송월당(松月堂) 박호원(朴好元)의 아우로 부정공 박이(朴苡)의 아들이며, 밀성군(密城君) 박광영(朴光榮)의 손자, 존성재(存誠齋) 박미(朴楣)의 증손이다. 외조는 황맹헌(黃孟獻)과 현령(縣令) 조원신(趙

元信), 배위는 양천허씨(陽川許氏), 처부(妻父)는 감사 허엽(許曄)이다. 1567년(명종 22) 정묘에 사마시(司馬試)에 급제하여 진사(進士)가 되었다. 음보로 동몽 교관(童蒙敎官)을 지내고 의금부도사(義禁府都事)를 거쳐 태인(泰仁), 안성(安城), 고성(高城), 덕산(德山), 양근(楊根)의 현감(縣監)이 되었다가 종친부전첨과 평양 서윤(平壤庶尹), 영천 군수를 지냈다. 무훈(武勳)으로 정란공신에 봉해지고 통정대부 좌승지(左承旨)를 증직하였다.

박안민(朴安民)

1544년~1610년. 부정공파(副正公派) 파조(派祖). 자는 의지(義之), 호는 의재(義齋). 관원(灌園) 박계현(朴啓賢)의 아들로 낙촌(駱村) 박충원(朴忠元)의 손자이며, 응천군(凝川君) 박조(朴藻)의 증손이다. 외조는 생원 김지손(金智孫), 배위는 능주구씨(綾州具氏), 처부는 참봉 구빈(具濱)이다. 무과에 급제하여 군기시 부정(軍器寺副正)을 거쳐 장단 부사(長湍府使)를 겸하여 병마절제사(兵馬節制使)를 지냈다.

박사현(朴嗣賢)

1548년~1613년. 자는 이계(而繼), 호는 퇴우당(退憂堂). 박선원(朴善元)의 아들로 강수(江叟) 박훈(朴薰)의 손자이다. 외조는 현풍인 참봉 번(藩), 배위는 한양조씨(漢陽趙氏), 처부는 현감 조경(趙綱)이다. 청주 판관(淸州判官)으로 임진왜란을 당하여 중봉(重峰) 조헌(趙憲)과 더불어 의병을 일으켜 청주대첩에서 전상(戰傷)하여 고향에 머물다가 조중봉(趙重峰)과 칠백 의사가 금산(錦山)에서 전사하였다는 소문을 듣고 약을 마시고 순절하였다. 사림(士林)의 공의로 금산 종용사(錦山從容祠)와 덕산사(德山祠)에 배향하였다.

박호현(朴好賢)

1550년~1581년. 화록공파(華麓公派) 파조(派祖). 자는 계용(季容), 호는 화록(華麓). 낙촌(駱村) 박충원(朴忠元)의 아들로 응천군(凝川君) 박조(朴藻)의 손자, 밀성군(密城君) 박광영(朴光榮)의 증손이다. 외조는 첨정(僉正) 이인수(李麟壽), 배위는 기계유씨(杞溪兪氏), 처부는 군수(郡守) 유영(兪泳)이다. 1570년(선조 3) 생원시(生員試)에 2등하였다. 친상(親喪)을 당하여 거상(居喪)을 견디지 못하여 32세로 졸하였다. 부인 유씨(兪氏)는 모부인(母夫人) 하동정씨(河東鄭氏)를 섬기고 있었는데 1592년(선조 25) 임진년에 도적을 만나 피살되었다. 1739년(영조 15) 기미에 효녀의 정문(旌門)이 세워졌다.

박 진(朴 晋)

1560년~1598년. 자는 명보(明甫). 청재공(淸齋公)의 5세손으로 경상병사(慶尙兵使) 박인수(朴麟壽)의 아들이며, 현감(縣監) 박언(朴堰)의 손자이다. 외조는 안동인(安東人) 내금위(內禁衛)

안자달(安自達)과 영산인(靈山人) 현감(縣監) 신종인(辛宗麟)이며, 배위는 파평윤씨(坡平尹氏)와 안동김씨(安東金氏), 처부는 부사(府使) 윤건(尹健)과 전한(典翰) 김시회(金時晦)이다. 1589년(선조 22) 심수경(沈守慶)의 천거로 무관(武官)에 등용 선전관을 거쳐 1592년(선조 25)에 밀양부사(密陽府使)가 되어 임진왜란에 소산(蘇山)을 지키다 패하여 퇴각하였다.

경상좌도 병마절도사(慶尙左道兵馬節度使)가 되어 영천의 적을 야습하여 승리한 공으로 가선대부에 올라 경주성을 공격하다가 일본의 신무기인 조총(鳥銃)에 대적할 수 있는 원구형(圓球形)의 철판 속에 화약을 넣은 폭탄인 비격진천뢰(飛擊震天雷)를 만들어 다섯 곳에서 왜적을 무찔러 대승을 거두고 전세를 역전시켰다. 1592년(선조 26) 전라도 병마절도사 겸 순천도호부사(全羅道兵馬節度使兼順天都護府使)를 거쳤으며, 1595년(선조 28) 병조 참판(兵曹參判) 1597(선조 30) 황해도 병마절도사 겸 황주목사(黃海道兵馬節度使兼黃州牧使)를 제수받아 귀임(歸任)하던 중에 병사하자 좌찬성(左贊成)에 증직되고 응천군(凝川君)을 봉하였다. 시호는 의열(毅烈)이다.

박정현(朴鼎賢)

1562년~1637년. 자는 중노(重老), 호는 의곡(義谷). 판서 박호원(朴好元)의 아들로 부정(副正) 박이(朴苡)의 손자이며, 참판 박광영(朴光榮)의 증손이다. 외조는 광산인 찬성(贊成) 김명윤(金明胤), 배위는 김제조씨(金堤趙氏)와 청풍김씨(淸風金氏),

처부는 서윤(庶尹) 조수곤(趙壽崑)과 현감(縣監) 김급(金汲)이다. 1588년(선조 21) 알성시(謁聖試)에 급제하여 1592년(선조 25) 승정원 주서(注書), 1616년(광해 8) 강원도 관찰사(觀察使)로 나갔다가 돌아와 1618년(광해 10) 동지의금부사(同知義禁府事)로 명나라 진위부사(陳慰府使)를 다녀왔다. 1619년(광해 11) 공조 참판(工曹參判)에서 충청 관찰사(忠淸觀察使)를 거쳐 1625년(인조 3) 명나라 사은사 겸 진위상사(謝恩使兼陣慰上使)를 다녀왔고, 1629년(인조 7)에 형조판서(刑曹判書)를 역임하고 지중추부사(知中樞府事)로 기로사(耆老社)에 들었고 찬성(贊成)에 추증되었다.

박승종(朴承宗)

1562년~1623년. 자는 효백(孝伯), 호는 퇴우정(退憂亭). 지돈녕(知敦寧) 안세(安世)의 아들로 관원(灌園) 박계현(朴啓賢)의 손자이다. 외조는 창원인(昌原人) 의창군(義昌君) 황림(黃琳), 배위는 정경부인 청풍김씨(淸風金氏)와 완산이씨(完山李氏), 처부는 증참판 김사원(金士元)과 완풍부원군 이서(李曙)의 서매(庶妹)이다. 1585년(선조 18) 진사시(進士試)에 2등하고, 1586년(선조 19) 별시(別試) 문과에 병과로 급제하여 교서관(校書館) 정자(丁字), 봉교(奉敎)에 이어 지제교(知製敎)를 지내고, 1592년(선조 25) 임진란을 당하여 독전어사(督戰御使)가 되어 선무원종일등(宣武原從一等)과 호성원종일등(扈聖原從一等)의 공훈(功勳)으로 선조의 어필(御筆)과 묵난(墨蘭) 묵죽화(墨竹畵)

를 하사받았다. 1593년(선조 26) 지평(持平), 병조 정랑(兵曹正郎), 장령(掌令), 헌납(獻納), 집의(執義), 동부승지, 1597년(선조 30) 예조참의, 우부승지(右副承旨), 1599년(선조 32) 대사간(大司諫), 병조 참의(兵曹參議), 1600년(선조 33) 동지사(冬至使)로 명나라를 다녀왔다. 1601년(선조 34) 호조 참의, 귀성 부사(府使)를 거쳐 1603년(선조 36)에 다시 대사간이 되었다가 1604년(선조 37)에 홍문관 부제학(副提學) 대사헌(大司憲), 동지중추부사(同知中樞府事)를 거쳐 도승지(都承旨)가 되었다가 대시 대사헌으로 자리를 옮겼다가 1607년(선조 40) 병조 판서(兵曹判書)가 되어 시강원우부빈객(侍講院右副賓客), 1609년(광해 1) 전라 관찰사가 되었다. 1611년(광해 3) 다시 병조 판서(兵曹判書)로 밀창부원군(密昌府院君)에 봉해졌다.

손녀가 광해세자(光海世子) 지(祗)의 빈(嬪)으로 들어가자 왕실과 인척(姻戚)이 되는 것을 두렵게 여겨 항상 몸에는 가죽으로 만든 비상(砒霜) 주머니를 지니고 다녔다. 우부빈객(右副賓客)이 되어, 1614년(광해 6) 제조(提調), 1617년(광해 9) 판의금부사(判義禁府使)로 인목대비의 폐모론을 적극 반대했다. 의정부 우찬성(右贊成), 좌찬성(左贊成), 1618년(광해 10) 좌의정 겸 도체찰사(左議政兼都體察使), 1620(광해 12)에 영의정(領議政)이 되어서는 기존의 명나라와 신생 후 금간의 등거리 외교로 유명하여 외교의 괴재라 하였다. 1623년 3월에 인조반정(仁祖反正)이 일어나자 유서를 남기고 아들 경기감사(京畿監司) 자흥(自興)과 함께 자순(自殉)하였다. 홍호(洪鎬), 이준(李埈), 안방준(安

邦俊), 송시열(宋時烈) 등의 신복상소(伸復上疏)로 1857년(철종)에 관작(官爵)이 복권(復權)되고, 시호는 숙민(肅愍)이다.

박승조(朴承祖)

1564년~1640년. 연안공파(延安公派)의 파조(派祖). 자는 효선(孝先), 호는 지지당(止止堂). 퇴우당(退憂堂) 박승종(朴承宗)의 아우로 지돈령(知敦寧) 박안세(朴安世)의 아들이며, 관원(灌園) 박계현(朴啓賢)의 손자, 낙촌(駱村) 박충원(朴忠元)의 증손이다. 외조는 판서 황림(黃琳), 배위는 함열남궁씨(咸悅南宮氏)와 능성구씨(綾城具氏), 처부는 직장(直長) 남궁식(南宮湜)과 감찰 구극인(具克仁)이다. 광릉 참봉(光陵參奉) 한성 참군(漢城參軍) 상의원 주부(尙衣院注簿)를 거쳐 외직으로 안산 군수(安山郡守), 양양 부사(襄陽府使), 연안 도호부사(延安都護府使)를 겸하여 해주 병마첨절제사(海州兵馬僉節制使)를 역임하였다.

박안국(朴安國)

1564년~1630년. 영해공파(寧海公派) 파조(派祖). 자는 평보(平甫). 관원(灌園) 박계현(朴啓賢)의 아들로 낙촌(駱村) 박충원(朴忠元)의 손자이며, 응천군(凝川君) 박조(朴藻)의 증손이다. 외조는 생원 김지손(金智孫), 배위는 남양홍씨(南陽洪氏), 처부는 감역(監役) 홍유중(洪惟中)이다. 찰방(察訪)을 거쳐 영해 부사(寧海府使)를 겸하여 안동진관병마첨절제사(안동진관兵馬僉節

制使)를 역임하였다.

박승황(朴承黃)

1566년~1640년. 김제공파(金堤公派) 파조(派祖). 자는 효경(孝敬), 호는 읍청당(挹淸堂). 퇴우당(退憂堂) 박승종(朴承宗)의 아우로 지돈령(知敦寧) 박안세(朴安世)의 아들이며, 관원(灌園) 박계현(朴啓賢)의 손자, 낙촌(駱村) 박충원(朴忠元)의 증손이다. 외조는 판서 황림(黃琳), 배위는 광주이씨(光州李氏)와 문화유씨(文化柳氏), 처부는 군수 이호약(李好約)과 부사 유희선(柳希先)이다. 1607년(선조 40)에 직산 현감(稷山縣監)을 거쳐 1611(광해 3)에 김제 군수(金堤郡守)를 역임하고 별세하였다. 선정비(善政碑)가 직산면(稷山面) 동리(東里)와 김제시(金堤市) 교동(校洞) 홍심정(弘心亭)에 남아있다.

박희현(朴希賢)

1566년~1539년. 자는 자순(子醇), 호는 우암(迂庵). 경력(經歷) 박효원(朴孝元)의 아들로 응천군(凝川君) 박조(朴藻)의 손자이다. 외조는 파평인 윤신필(尹莘弼)과 양주인(楊州人) 조한종(趙漢琮), 배위는 청주한씨(淸州韓氏), 처부는 한온손(韓溫孫)이다. 절충장군(折衝將軍) 용양위(龍驤衛) 행상호군(行上護軍)으로 1610(광해 2) 알성시(謁聖試) 문과에 병과로 급제하여 첨지(僉知)를 거쳐 외직으로 목사(牧使)를 역임하고 첨지중추부사(僉知中樞府事)에 이르렀다.

박기현(朴耆賢)

1566년~1536년. 자는 태경(台卿). 밀천군 박승원의 아들이며, 오정공 박란(蘭)의 손자이다. 외조는 전의인 봉사 이홍진(李弘縉)과 풍양인 현감 조언국(趙彦國), 배위는 정부인 창녕성씨(昌寧成氏)와 광산김씨(光山金氏), 처부는 현감 성각(成恪)과 김모(金某)다. 음직(蔭職)으로 옥천 군수(郡守)가 되었다가 청주도위병마절도사(都尉兵馬節度使)를 거쳐 충청도 관찰사(忠淸道觀察使)를 역임하였고 밀계군(密溪君)에 습봉(襲封)되었다.

박제현(朴齊賢)

여산공파(礪山公派) 파조(派祖). 의금부도사(義禁府都事) 형원(亨元)의 아들로 오정(梧亭) 박란(朴蘭)의 손자이며, 밀성군(密城君) 박광영(朴光榮)의 증손이다. 외조는 초계인 변모(草溪人卞某)와 참봉 진주인 하관(晋州人河寬), 생 외조는 청송인 심모(青松人沈某)다. 무과에 급제하여 군기시 봉사(軍器寺奉事)를 거쳐 여산 부사(礪山府使)을 역임하였다.

박우현(朴友賢)

1572년~1592년. 지평공파(持平公派) 파조(派祖). 자는 희성(希聖), 초휘는 우현(佑賢). 의금부 도사(義禁府都事) 박형원朴(亨元)의 아들로 오정(梧亭) 박난(朴蘭)의 손자이며, 밀성군(密城君) 박광영(朴光榮)의 증손이다. 외조는 초계인 변모(草溪人卞

某), 청송인 심모(靑松人沈某), 진주인 참봉 하관(晋州人河寬), 배위는 천안전씨(天安全氏)이며 처부는 전덕분(全德盆)이다. 1592(선조 25) 임진년에 21세로 왜적(倭賊)이 청주(淸州)를 침범하자 동지 수백 명을 거느리고 청주 목사(淸州牧使) 윤경기(尹慶其)를 찾아가 싸울 것을 약속한 날 선봉에서서 적장(敵將)을 한칼에 찔러 죽이자 후퇴하던 적군이 반격하여 상당산성(上堂山城) 북문(北門)에서 순절(殉節)하였다. 조중봉전첩비(趙重峯戰捷碑)와 순절제장록(殉節諸將錄)에 기록이 전한다. 1765(영조 41)에 사헌부지평(司憲府持平)을 증직하였다.

박승안(朴承顔)

1572년~1653년. 양성공파(陽城公派) 파조(派祖). 자는 효여(孝餘), 호는 간죽재(看竹齋). 월봉 박안명(朴安命)의 아들로 관원(灌園) 박계현(朴啓賢)의 손자이며, 낙촌(駱村) 박충원(朴忠元)의 증손이다. 외조는 현령(縣令) 유순(兪洵), 배위는 고성이씨(固城李氏)이며, 처부는 충의위(忠義衛) 이눌(李訥)이다. 1615(광해 7) 식년 생원시(生員試)에 2등하고, 양성현감(陽城縣監)을 역임하였다.

박증현(朴曾賢)

1575년~1611년. 자는 성오(省吾), 호는 차탄. 낙봉(駱峰) 박근원(朴謹元)의 양자(養子)로 생부는 부정(副正) 박신원(朴愼元)이며, 박빈(朴蘋)의 손자, 박광영(朴光榮)의 증손이다. 외조는

밀양박씨(密陽朴氏)

최윤생(崔崙生), 배위는 해주최씨(海州崔氏)와 평양조씨(平壤趙氏), 처부는 현감 최윤(崔崙)과 증참판 조원명(趙元命)이다. 1601년(선조 34)에 형 박안현(朴顔賢)과 나란히 사마시(司馬試)에 올라 을사(乙巳) 별시(別試) 문과에 병과로 급제하여 사간원 정언(司諫院正言), 사헌부 지평(司憲府持平), 홍문관 수찬(弘文館修撰), 부교리(校理)를 거쳐 이조 정랑을 역임하였다.

박안현(朴顔賢)

1574년~1616년. 선곡공파(仙谷公派) 파조(派祖). 자는 기백(幾伯), 호는 기백(幾伯). 부정(副正) 박신원(朴愼元)의 아들로 박빈(朴蘋)의 손자이며, 참판(參判) 박광영(朴光榮)의 증손이다. 외조는 홍수건(洪守建), 배위는 여흥민씨(驪興閔氏), 처부(妻父)는 민여경(閔汝慶)이다. 1601(선조 34)에 아우 박증현(朴曾賢)과 나란히 사마시(司馬試)에 올라 2년 후 다시 문과에 병과(丙科)로 급제하여 승문원 정자(承文院正字) 수찬(修撰)을 거쳐 이조 좌랑을 역임하고 성천 부사(成川府使)를 지냈다. 원종훈공(原從勳功)으로 이조 판서(吏曹判書)에 추증되었다.

박 손(朴 蓀)

1579년~1636년. 자는 형숙(馨叔), 호는 오암(梧岩). 청재심문(清齋審問)의 후손 박효제(朴孝悌)의 아들로 박정수(朴貞秀)의 손자이고, 박춘란(朴春蘭)의 증손이다. 외조는 안존도(安尊道),

밀양박씨(密陽朴氏)

배위는 전주이씨(全州李氏), 처부는 우윤 이원(李瑗)이다. 1603 (선조 36)에 감시(監試)에 진사(進士)하고 음보로 익위사세마 (翊衛司洗馬), 한성 참군(漢城參軍), 평택 현감(平澤縣監)을 지냈다. 1618(광해 10) 문과에 을과(乙科)로 급제하여 종부시정(宗簿寺正) 겸 춘추관편수관(春秋館編修官)을 거쳐 온양 군수(溫陽郡守) 영해와 철원(鐵原)의 부사(府使)를 역임하였다.

묘갈명(墓碣銘 : 李敏求 지음, 國朝人物考 수록)
군(君)의 휘는 손, 자는 형숙(馨叔)이니 나보다 4년 먼저 출생했다. 성품이 진솔하고 원칙적이며 사람을 접할 때 집안 살림의 화려함을 말하지 않음이 맏형과 동일했다.

계묘(癸卯)년에 진사(進士)가 되어 나와의 교류가 특히 깊어 언제나 서로 만나면 많은 말이 없이 술잔을 기울이며 환연히 융합하고 늦은 저녁 돌아갔다. 군이 두 번째 호남에 있을 때 내가 방문했으며 무오(戊午)년에 평택(平澤)에서 첩을 내쫓고 나를 방문하고 정묘(丁卯)년 온양(溫陽)에 있을 때 나는 군의 어머니를 뵈었으며 10년 후 병자(丙子)년 철원부사(鐵原府使)를 사직하고 서울로 돌아와 병으로 별세하니 향년 58세였다. 그 해 8월 장사할 때 나는 엽접사가 되어 서쪽으로 가던 날 도성을 나와 시로 곡하며 보냈다.

시에 이르기를

"함께 성을 나간 나그네가 되었는데 홀로 돌아오지 못할 사람 슬퍼하네." 하였으니 그의 평생의 교제 끝까지 이와 같았다. 22년 후 무술(戊戌)년에 비로소 슬픔을 머금고

눈물을 뿌리며 묘의 돌에 명(銘)을 새기네.

박씨(朴氏)는 계림(鷄林)에서 비롯하여 가지와 잎 있어 삼성(三性)으로 갈라져 내려왔다. 밀양박씨는 고려로부터 조선에 이르기까지 대대로 떨어짐이 없었다. 공의 고조부인 사지(司紙)인 휘 억령(億齡)이 공의 증조부인 현령(縣令) 휘 춘란(春蘭)을 낳고, 현령이 현감(縣監)인 휘 정수(貞秀)를 낳았으니 공의 조부이다. 현감이 감찰(監察)인 휘 효제(孝悌)를 낳으니 이 분이 공의 아버지요, 순흥안씨(淳興安氏)인 존도(尊道)의 딸이 군의 어머니다.

군(君)은 처음 동궁세마(東宮洗馬)로 벼슬하여 한성참군(漢城參軍) 태복주부(太僕主簿) 이조좌랑(吏曹佐郎)으로 옮기고 호조정랑(戶曹正郎) 평택현감(平澤縣監)을 역임하고 문과 을과(乙科)에 2등으로 급제하였으며 부모가 생존하여 내외직에 임명될 때도 더욱 강건했으며 상사 때 애통함이 사람들에게 들렸다. 예조정랑(禮曹正郎) 온양군수(溫陽郡守)를 거쳐 조정에 들어와 사예(司藝) 제용(濟用) 상의(上衣) 종부시정(宗簿寺正) 춘추관편수관(春秋館編修官)이 되고 외직인 철원부사(鐵原府使)로 벼슬을 마쳤으니 대우가 박하다 하겠다.

형숙(馨叔)은 아름답고 빼어나며 문장의 폭이 넓고 단아하여 원대한 그릇이라 지목했었다. 노비에게 일을 시킬 때 노한 소리와 낯빛을 더하지 않았으며 동료 대우와 관서에 있을 때 눈썹을 찡그리지 않고 한직에 있을 때 정치가 혼미함을 만나 자취를 감춰 자신을 지키며 중요한 자리를 탐하지 않았다. 직위가 조금 승진했을 때 통태사(通泰士)라 호칭하며 모두 보기를 구했으니 저 양양히 사헌부에 들어가 요리조리 얽힌 자와 재능과 덕을 헤아리면 누가 형숙보다 뛰어날까. 그러나 홀로 묵묵히 모든 관료의 밑에 잠겼으나 남이 자기를 알도록 간여하지 않았으며 아는 자도 형세를 자료로 인도한 자가 없었으니 이것 또한 운명이다.(中略)

명(銘)에 이르노니,

정성스런 그의 용모, 더듬거리는 그의 말, 그의 행동은 민첩하고 그의 기풍은 온화하며 꾸밈과 겉치레를 버려 천성을 온전히 했는데 높은 벼슬로 늙지 않고 어찌 남에게 졌을까. 진진한 자손 많고 아름다워 크게 남긴 그의 경사 어찌 공경(公卿)에 비할손가.

박자흥(朴自興)

1581년~1623년. 자는 인길(仁吉), 초명(初名)은 흥립(興立), 호는 서당(瑞棠) 또는 읍청헌(挹淸軒). 박승종(朴承宗)의 아들로 지돈녕(知敦寧) 박안세(朴安世)의 손자이며, 관원(灌園) 박계현(朴啓賢)의 증손이다. 외조는 김사원(金士元), 배위는 정부인 광주이씨(光州李氏), 처부는 이이첨(李爾瞻)이다. 선교랑(宣敎郞)으로 임진란에 부장(部將)으로 선무원종(宣武原從) 3등의 공훈(功勳)을 세웠고 개명(改名)하였다. 1610년(광해 2) 식년 진사시(進士試)에 3등 합격하고 이어 경술별시(庚戌別試) 문과에 병과로 급제하여 시강원 설서(侍講院設書)와 전적(典籍) 사서(司書), 이조 정랑(吏曹正郞), 헌납(獻納), 문학(文學), 사인(舍人), 전한(典翰), 직제학(直提學), 동부승지(同副承旨), 형조 참의(刑

曹參議) 겸 지제교(知製敎)를 거쳐 전라관찰사(全羅觀察使)로 나갔다. 이후 형조 참판(刑曹參判), 부제학(副提學), 대사간(大司諫), 대사헌(大司憲)을 역임하고 수원 부사로 나갔다가 대사성(大司成)을 성균좨주(成均祭酒)가 되었다가 병조 참판(兵曹參判)으로 외교의 방략가(方略家)로 활약하였다. 경기 관찰사(京畿觀察使) 겸 개성유수(開城留守)를 역임하였다.

인조가 반정을 일으키던 날 아버지를 따라 외가 선산이 있는 광주(廣州) 검천(檢川)에서 음독 자진하였다. 1857(철종 8)에 아버지 숙민공(肅愍公)과 함께 관작(官爵)이 복권(復權)되었다.

박안효(朴安孝)

1587년~1648년. 자는 인백(仁伯). 의곡(義谷) 박정현(朴鼎賢)의 아들로 송월당(松月堂) 박호원(朴好元)의 손자이며, 부정(副正) 박이(朴苡)의 증손이다. 외조는 김급(金汲), 배위는 전주이씨(全州李氏), 처부는 지돈령 이형욱(李馨郁)이다. 1613년(광해 5)에 증광(增廣) 진사시(進士試)에 3등하여 세자익위사세마(世子翊衛司洗馬)를 지냈다. 이어 1616(광해 8) 증광시문과(增廣詩文科)에 병과(丙科)로 급제(及第)하여 승정원 주서(承政院注書), 분승지(分承旨)를 거쳐 남원(南原), 성주(星州), 청주(淸州), 여주(驪州)의 부사(府使)를 거쳐 영흥부사(永興府使)로 재임 중에 별세하였다.

밀양박씨(密陽朴氏)

박자응(朴自凝)

1589년~1645년. 자는 정길(正吉), 호는 현암(玄菴). 퇴우정(退憂亭) 박승종(朴承宗)의 아들이다. 외조는 김사원(金士元), 배위는 동래정씨(東萊鄭氏)와 청송심씨(靑松沈氏), 처부는 군수 정근(鄭謹)과 군수 심협(沈俠)이다. 1612년(광해 4) 증광 진사시(進士試)에 3등하고, 1613(광해 5) 증광시(增廣試) 문과 병과로 급제하여 1614년(광해 6) 홍문관 부수찬(弘文館副修撰), 1615년(광해 7) 삼화 현령(三和縣令), 고산 현감을 역임하였다. 1617년(광해 9) 홍문관 부교리(副校理), 문학(文學), 홍문관 교리(校理)를 역임할 당시 인목대비(仁穆大妃)를 폐모하는 의논에 이의(異意)하여 이위경(李偉卿)의 상소문(上疏文)을 찢고 정청(政廳)에 불참하였다. 1620년(광해 12) 영광 군수(靈光郡守)를 역임하였다. 계해(癸亥)인조 반정에 아버지와 형의 자진으로 적몰(籍沒)되었으나 계해(癸亥)에 사계(沙溪)의 청(請)으로 환급(還給)되었다.

박안길(朴安吉)

1589년~1671년. 밀계군(密溪君) 박기현(朴耆賢)의 아들로 송재 박숭원(朴崇元)의 손자이다. 외조는 현감 성각(成恪), 배위는 전주이씨(全州李氏), 처부는 건공장군 이방영(李邦榮)이다. 동지중추부사(同知中樞府事)를 역임하였고 밀흥군(密興君)에 습봉되었다.

밀양박씨(密陽朴氏)

박안제(朴安悌)

1590년~1663년. 자는 계순(季順), 호는 의촌(義村). 의곡(義谷) 박정현(朴鼎賢)의 아들로 송월당(松月堂) 박호원(朴好元)의 손자이며 부정(副正) 박이(朴苡)의 증손이다. 외조는 김급(金汲), 배위는 동래정씨(東萊鄭氏), 처부는 첨추(僉樞) 정회원(鄭恢遠)이다. 1612(광해 4) 식년 진사시(進士試)에 3등하고, 1621(광해 13) 정시(庭試)에 문과에 장원하여 전적(典籍)이 되었고 1623년(인조 1) 해미 현감(縣監), 1627년(인조 4) 사헌부 지평(司憲府持平)을 지냈다. 1631년 장령(掌令)으로 인조의 사친(私親)을 추숭하는 일에 반대하여 목천 현감(木川縣監)에 좌천되었다. 1636년(인조 14) 병자호란에 황해와 평안의 관향사(館餉使)로 종사하였고 삼남어사(三南御使)의 노고(勞苦)로 책훈(策勳)되었다. 1650년(효종 1) 다시 홍문관 수찬, 종성 부사(鐘城府使)가 되고, 1652년 승지(承旨), 판결사(判決事)를 거쳐 충주 목사(忠州牧使)를 역임하였다. 1660년(현종 1) 병조 참의(兵曹參議)가 되었다.

묘갈명(墓碣銘 : 姜栢年 지음, 國朝人物考 수록)

공이 나보다 13세가 위이나 대대로 이어지는 우의로 나이를 잊고 교유하여 형으로 서기고 아우로 기른 지 60년이 되었다.

그럭저럭하는 동안 해묵은 풀이 이미 자랐는데 이제 어찌 공의 묘에 비명을 저술하리오마는 오히려 재능이 없다고 사양하지 못했다.

공의 휘는 안제(安悌), 자는 계순(季順), 성은 박씨(朴氏)니 신라에서 비롯하여 대대로 밀양의 현족(顯族)이 되었으며 고려로부터 조선에 이르기까지 벼슬이 연면했으니 찬성(贊成)인 휘 중손(仲孫)은 공훈으로 밀산군(密山君)에 책봉되고 밀산군(密山君)이 예조참의인 휘 미(楣)를 낳으니 공의 오대조(五代祖)이다. 고조부의 휘는 광영(光榮)이니 형조참의이며 증조부의 휘는 이(苡)니 찬성에 추증되고 조부의 휘는 호원(好元)이니 좌참찬이다.

아버지의 휘는 정현(鼎賢)이니 형조판서로 찬성에 추증되었으며 어머니는 청주김씨(淸州金氏)니 영의정에 추증된 휘 급(汲)의 딸로 1590년(선조 23) 8월에 공을 낳았다.

공은 어려서부터 뛰어났으나 허약하여 노는 것을 좋아하지 않았다. 15세에 이미 일에 능숙하다는 명성이 있어서 사람들이 재상의 재목으로 기대했다. 1612년(광해군 4) 진사시험에 합격하여 화려함이 더욱 나타나 후진의 으뜸이었다. 이때가 광해시대(光海時代)로 이이첨(李爾瞻)이 폐모의 논의를 주창했는데 공이 태학관에 기거하는 유생(儒生)으로 선비들을 인솔, 항소를 올리니 동료들이 위태롭게 여겼다.

1621년(광해군 13) 정시(庭試)에서 장원하여 전적(典籍)이 된 후 3년 동안 옮기지 않은 것은 이이첨 때문이며 1623년 인조(仁祖)께서 반정(反正)하여 고루 등용할 때 어버이 봉양을 위해 외직을 구하여 해미현감(海美縣監)이 되어 치적(治積)이 뛰어나 백성들이 추사(追思)하여 비를 세웠으며 1626년 이후 수십여 년 동안 내외직을 역임했으니 지평(持平)은 두 번, 정언(正言)은 한 번, 문학(文學)은 세 번, 장령(掌令) 필선(弼善)은 각 네 번 임명되고 항상 지제교(知製敎) 삼자(三字)의 직함을 겸했으며 중가네 예조정랑·좌랑 직강(直講) 사예(司藝) 제용정(濟用正) 등 한직을 역임하고 양서관향종사관(兩西管餉從事官)과 삼남독향어사(三南督餉御使)는 선발된 관직이다. 1628년(인조 6) 영광군수(靈光郡守)가 되어 선친 판서공(判書公)의 아름다운 치적을 계승, 전후로 두 분의 송덕비가 있다.

사헌부에 있을 때 추숭대의(追崇大議)에 이견을 보인 죄로 목천현감(木川縣監)이 되고 1635년(인조 13) 과 1637년에 부모의 상사를 연속 당하여 여묘살이와 예절을 다하고 상사를 마친 후 수찬(修撰)이 되고 1640년 다시 소환의 교지가 있었는데 공은 마침 교외에 있었고 병으로 받지 못했는데 좋아하지 않은 자가 악의로 모함하여 화를 측정하지 못했으나 하늘의 도움으로 가벼운 죄를 입어 1년 동안 호남에 유배되었다가 돌아왔다.

1646년 다시 사헌부에 임명되고 얼마 후 외직을 구해 공산현감(公山縣監)이 되고 1년 후 돌아왔으며 1650년(효종 1) 다시 홍문관(弘文館)에 들어가고 종성부사(鐘城府使)로 승진 임명되어 상소로 여섯 가지 폐단을 개진하여 가납을 얻고 시행되고 파하는 일이 많았다. 1652년과 1653년에 동부승지(同副承旨)와 판결사(判決事)를 역임하고 충주목사(忠州牧使)가 되었으며 1657년(효종 8) 다시 승지(承旨)가 되고 1659년 형조참의에 임명되었으며 1660년(현종 1)과 1662년에는 계속 병조참의에 임명되었다.

1663년 9월 대단치 않은 병으로 정침에서 별세하니 수(壽) 74세요, 그해 11월 예산현 돈절리에 장례하니 부인(夫人)과 합부했다.

공은 천성이 효우하고 도량이 웅중하며 항상 정숙함을 지키고 교유를 끊고 오직 경서와 사기를 읽으며 즐기고 편히 쉴 때도 나태한 모습이 없으며 급한 일을 당해도 당황하는 기색이 없었다. 평소 화려함을 좋아하지 않아 자제들도 화려한 옷을 입지 않았으며 작위는 당상관으로 여러 차례 부사가 되었으나 사직 후 집안에 한 섬의 곡식도 없었을 정도로 청렴하고 결백했다.(中略)

아아, 여러 차례 사간원과 경연(經筵)에 들어가 말씀을 드려 보도(輔導)의 임무를 다했음을 남들이 알거니와 나는 동료들의 자리에 있어서 공이 나이 십년이 높은데도 오히려 강건하여 직무에 진력함을 보았다. 충주목사로 있을 때 나는 안렴사(按廉使)로 공의 근신 결백으로 봉직함을 보았고 내가 종성부사(鐘城府使)로 부임하여 백성들이 전부사의 청렴하고 공평한 자를 말할 때 공을 으뜸으로 칭송하여 항상 오랫동안 마음으로 흠모했으니 이것이 모두 공의 실적이니 본받아 명(銘)함이 당연하다.

명(銘)에 이르노니,

말은 적으나 자연 뛰어난 장자(長者) 세상에 적응했으나 마음은 흔들림 없고 곤궁과 영달, 하늘에 맡기고 편안히 순응하고 소연하였네. 장자 이것을 후인에게 보이기 위해 곧은 옥돌에 새기네.

밀양박씨(密陽朴氏)

박승휴(朴承休)

1606년~1659년. 자는 자미(子美). 봉례(奉禮) 박안행(朴安行)의 아들로 화록(華麓) 박호현(朴好賢)의 손자이다. 외조는 한양인 교위(校尉) 조흥무(趙興武), 배위는 의성김씨(義城金氏), 처부는 교관(敎官) 김영지(金榮祉)이다. 1630년(인조 8) 진사시(進士試)에 2등하고 찰방(察訪)을 지냈다. 1650년(효종 1) 증광시(增廣試) 문과에 병과로 아우 박자이(朴子以)와 형제가 나란히 급제하였다. 전적(典籍), 호조(戶曹)와 병조(兵曹)의 좌랑(佐郞), 지평(持平), 병조 정랑(兵曹正郞)을 거쳐 황주 판관(黃州判官), 장령(掌令)을 거쳐 1655년(효종 6) 경상좌우도 추쇄어사(慶尙左右道推刷御使)와 사간(司諫)을 역임하고, 홍주 목사(洪州牧使)에 이르렀다. 1689년(숙종 15)에 효자정려(孝子旌閭)와 함께 이조참판(吏曹參判)에 증직되다.

묘갈명(墓碣銘 : 宋時烈 지음, 國朝人物考 수록)

1659년(효종 10) 박집의(朴執義)의 아들 미신(美新)이 부친의 상사를 마치고 부름을 받아 서울로 돌아왔다. 나는 빨리 가서 안부를 물었는데 공의 남은 슬픔, 얼굴에 있고 말할 때 오열하며 눈물을 흘려 자리를 같이한 사람이 차마 보지 못했다. 세상의 풍속과 교리가 쇠퇴할 때 상사(喪事)의 예절이 먼저 무너져 몸을 돌보지 않으면서 슬퍼함은 당시에 볼 수 없었다. 옛적 노(魯)나라 자로(子路)는 아침에 대상을 마치고 저녁에 노래한 자를 멸시했으며 자장(子張)은 공자(孔子) 문하의 높은 제자로 상사를 마친 후 거문고 타며 즐겼거늘 이제 미신(美新) 같은 분을 보았으니 노심초사해야 한다는 시를 짓지 않아도 되었으리라. 그러나 공의 얼굴이 거무칙칙하고 음성이 아주 적어 몸이 위태로워 보였다. 나는 이미 그를 근심했는데 과연 그해 11월 17일 별세했다. 아아, 공은 상사를 잘 하라고 권할 수 없는 분이었다.

우리나라에 박씨(朴氏)가 매우 많지만 밀양박씨가 가장 오래된 본관이며 대성이다. 조선조 때 휘 충원(忠元)이 문장으로 명성이 높아 명종(明宗)과 선조(宣祖) 때 벼슬이 이조판서(吏曹判書)에 홍문관(弘文館) 예문관(藝文館) 양관대제학(兩館大提學)에 이르니 호는 낙촌(駱村)이다. 아들 호현(好賢)을 낳아 더욱 명망이 있었으나 높은 벼슬에 이르지 못하고 검상사인(檢詳舍人)으로 마쳤으니 이 분이 공의 조부이다.

아버지 휘 안행(安行)은 후덕한 선행과 높은 기풍이 있었다. 광해군(光海君) 때 종질 승종(承宗)이 시대가 괴리됨이 심하여 끝까지 벼슬에 머물지 않아 선비들의 여론이 많았다. 공의 벼슬이 봉례(奉禮)에 이르고 교위(校尉)인 조흥무(趙興武)의 딸과 결혼하여 1606년(선조 39)에 공을 낳았다.

공의 휘는 승휴(承休)니 어려서부터 후중하여 성인(成人)같았으며 16세 때 의성김씨(義城金氏)와 결혼했는데 장인 영지(榮址)는 그가 신방에 있으면서 종일 단정히 앉아 엄연함을 보고 사랑스럽다고 극찬하고 성균관에 유학했을 때 청음선생(淸陰先生) 김문정공(金文正公)이 생도 가운데 공만을 평온하고 예의가 바르며 몸가짐이 단아하다고 칭찬했으며 선비들이 이문성 선생(李文成 先生) 성문간 선생(成文簡 先生)을 문묘에 배향할 것을 주청했는데 간신들의 감정이 폭발하여 두 분 선생을 참소 비방하고 왕도 간신들

의 말을 받아들여 선비들이 일제히 나가버렸는데, 공만은 나가지 않고
"공들이 가버리면 누가 문묘를 지킵니까?"
하였다. 이때 간신들이 말을 만들어
"박공은 시험일이 가까운 이제 배향의 일로 자기와 다른 자를 배척하려 한다."
하였다. 공은 과거시험장에 가지 않고 혐의를 무릅쓰고 진취함이 불가하다 하니 생도들이 공의 의논을 따랐다.
1636년(인조 14) 호란 때 어머니를 모시고 섬 속으로 들어갔다. 이때 봉예공(奉禮公)이 남한산성(南漢山城)에서 호란을 겪었다. 공이 말하기를
"임금과 아버지의 위험이 조석에 있는데 어찌 홀로 살리오."
하고 내종형 조장령(趙掌令) 극선(克善)과 의병을 일으켜 호란에 참여하려고 책임자를 찾아갔는데 책임자는 다만 그렇게 할 수 없다 하며 추위가 심한 때이므로 술을 마시려 하거늘 공은 분연히
"임금과 부모가 어디에 계신데 이것이 어찌 목에 내려가리오. 차라리 남한성 아래서 홀로 죽지 않으리오."
하고 필마로 달려갔으며 이때 모함이 이미 이루어졌다.
공은 이때부터 세상일에 뜻이 없고 고향에서 부모를 섬김에 얼굴빛을 온화히 하고 감지로 봉양했으며 모부인(母夫人)의 병이 위독할 때 공은 손가락의 피를 드려 생명을 조금 연장시켰으며 상사와 장사 후에도 묘에 가서 호곡함을 폭풍우에도 그치지 않았다. 봉례공(奉禮公)이 홀아비로

무료히 계실 때 공이 그의 침소를 편안히 하고 감지를 갖추어 마음과 뜻을 기쁘게 함에 온 힘을 다했다. 김정도(金井道) 찰방(察訪)에 임명되었을 때 인조께서
"이 사람이 1635년(인조 13)에 문묘를 홀로 지킨 자냐."
하였다.

사건으로 파직되고 1650년(효종 1) 문과에 급제하여 승문원에 뽑혀 들어가 전적(典籍)으로 승진하고 호조좌랑 병조좌랑을 역임하고 사헌부지평(司憲府持平)에 임명되었으며 체직되어 병조좌랑(兵曹佐郞)이 되었을 때 병조판서가 하급관리의 말을 듣고 어떤 사람을 어떤 직책에 보내려 하거늘 공이 붓을 잡고 쓰지 않으며 하급관리의 말을 쓰느냐고 물으니 판서가 부끄러워하는 빛이 있었다. 외직으로 나가 황주판관(黃州判官)이 되었으나 어버이 봉양을 위해 체직되고 또한 열한 번 옮겼으며 시강원(侍講院)에 있을 때 상소하여 세자를 보좌하는 도리를, 극론하여 이르기를 옛적 제왕(帝王)이 자손을 위한 계책으로 급선무를 삼았으니 세종(世宗) 때 당시 선비를 광범위하게 선발하니 윤번제로 입직하여 세자와 거처 출입을 함께하며 보도의 책임을 다했다. 그러므로 세자(世子)가 궁료(宮僚)를 친구처럼 보고 궁료도 세자를 부자(父子)처럼 보았다.

"문종(文宗)께서 비록 그의 성덕을 하늘이 내려주셨으나 교화 훈도로 성취한 바는 보양의 도리를 다했기 때문이거늘 지금은 그렇지 않아 강원을 여는 시간이 정해져 있고 강독이 일정한 규칙이 있어서 대략 글의 뜻만 개진하고 물러가면 궁궐의 문을 일제히 닫아 안과 밖의 두절되는데 이

렇게 하면 정의(情義)를 어떻게 서로 믿으며 학문을 어떻게 성취하겠습니까. 성심으로 원하오니 박식하고 도술이 있는 자를 선발하여 항상 함께 놀며 혹 고금의 득실을 논하고 혹 백성의 노고를 묻게 하소서. 이같이 하면 환관과 근시가 날마다 한가히 모시는 것보다 낫지 않겠습니까."

하였으며 사간원(司諫院)에 있을 때 상소하여 언론의 길을 열지 않고 간하는 신하를 폐척하여 천재지변이 두려우며 국사가 매우 위급한 사실을 논하고 또한 진준경(陳俊卿)의 간하는 고사를 본받아 말하였기 때문에 남들이 간하는 신하의 기풍이 있다 하였으며 왕께서도 채납하였다.

제사(諸司)의 정(正)으로 옮기고 장령(掌令)을 경유, 어사로 영남에 갔음 사간(司諫)이 되고 제용감정(濟用監正)으로 어버이 봉양을 위해 홍주목사(洪州牧使)로 나갔다. 홍주와 어버이가 계신 곳과는 달려 갈만한 거리로 며칠에 한번씩 추종자를 물리치고 필마로 돌아가 뵈 온 지 겨우 7개월인데 봉례공(奉禮公)이 별세했다.

공은 독실한 효자로 더욱 부모의 은혜에 보답하지 못한 것을 한탄하고 상사를 마친 후 공주목사(公州牧使)와 상방(尙方)과 집의(執義)에 연속 임명되었으나 모두 병으로 체직되었다.

성품이 또한 고요하고 언행을 지키기를 좋아하여 비록 벼슬할 때도 항상 두문불출하고 교유를 끊었다. 그러므로 남들이 잘 알지 못하여 혹자는 은군자(隱君子)라고 조롱했다. 어려서부터 경서 읽기를 좋아하여 항상 용모를 단정히 하고 조용히 앉아 침착하고 태연하며 단아하고 엄중했다.

그러므로 비록 남을 온화로 대접하나 남들이 감히 거만하지 않았으며 비록 조정에 재직한 날이 짧아 행사의 자취 많이 볼 수 없으나 그의 필선(弼善) 헌납(獻納) 때 두 번의 상소를 보면, 그의 기국을 알 수 있다. 공의 아우 승건(承健)이 있어서 몹시 서로 사랑했는데 공이 진사에 급제할 때 함께 합격하여 어깨를 나란히 함으로써 어버이를 영화롭게 하였으니 어찌 또한 효도와 우애의 감응이 아니겠는가.

현종(顯宗) 때 아우 승건(承健)이 사명을 받들어 연나라에 갈 때 왕께서

"박승건(朴承健)이 박승휴(朴承休)와는 어떤 사이가 되느냐."

고 하문하니 대답한 자가

"박승건이 그의 아우입니다."

하니 왕께서

"박승휴는 지금 어디에 있는가."

하고 물으니

"박승휴는 이미 죽은 지 오래입니다."

하거늘 왕께서 오랫동안 탄식하신 것은 공이 시강(侍講)으로 있을 때 깊이 앎을 받았기 때문이다. 공은 앉고 눕거나 사석에서는 반드시 부모가 계신 방을 향하고 한 번도 이를 어기지 않았다. 이것이 미세한 행동이다 남들은 하기 어려운 일이다.(中略)

명(銘)에 이르노니,

효우(孝友)는 백행의 으뜸. 공은 성품에서 얻었네. 이익과 명예는 모두가 쫓는 길. 공은 병처럼 여겼네. 애연히

밀양박씨(密陽朴氏)

사랑하고 염연히 안정했네. 공을 아는 자 누구일까. 나는 묘도(墓道)에 명을 새기네.

박승건(朴承健)

1609년~1667년. 자는 자이(子以), 호는 성은(星隱). 석곡(石谷) 박안행(朴安行)의 아들로 박승휴(朴承休)의 형이고 화록(華麓) 박호현(朴好賢)의 손자이다. 외조는 한양인 교위(校尉) 조흥무(趙興武), 배위는 의령남씨(宜寧南氏), 처부는 증판관(贈判官) 남호학(南好學)이다. 1630년(인조 8) 진사시(進士試)에 올라 봉사(奉事)를 지냈다. 1650년(효종 1) 증광시(增廣試)에 문과 병과에 형 박자미(朴子美)와 형제가 나란히 급제하였다. 전적(典籍), 예조와 병조의 좌랑(佐郎)을 거쳐 1652년(효종 3) 정언(正言), 사서(司書), 직강(直講), 예조 정랑(禮曹正郎)을 지지내고, 1661년(현종 2) 지평(持平), 전라 도사(全羅都事)를 거쳐 1662년 사헌부 장령(司憲府掌令)이 되었다. 1664년(현종 5) 종부시 정(宗簿寺正)에 올라 서장관(書狀官)으로 청나라에 다녀와 제용감정(濟用監正)을 거쳐 1666년(현종 7) 상주 목사(尙州牧使)로 재직 중 정부미를 방출하여 기민(飢民)을 구제 한 일로 가자(加資)되었다. 1689년(숙종 15) 기사에 효자정려(孝子旌閭)가 내렸다.

묘갈명(墓碣銘 : 宋時烈 지음, 國朝人物考 수록)

박공(朴公) 자이(子以)가 별세한 지 이제 9년이 되었다. 세상의 도의는 날마다 더욱 떨어지고 인심은 날로 더욱 엷어졌는데 자이는

밀양박씨(密陽朴氏)

어버이께 효도하고 형제간에 우애하며 간결과 안정으로 자신을 지키며 명예와 이익을 추구하지 않았다. 대체로 자이(子以)의 순수한 성품은 하늘에서 얻었다.

6세 때 생물을 사랑할 줄 알아 벌레와 개미를 밟지 않았으며 9세 때 어머니의 병을 위해 하늘에 기도하였다. 이웃집 복숭아가 담장을 넘어 땅에 떨어져도 보기만 하고 줍지 않았으니 그의 본질을 아름답다 하겠다.

어려서부터 부모의 말씀을 공경하여 믿고 조금도 위배하지 않았으며 어버이 병이 위급할 때 손가락을 잘라 피를 드리고 형제간에는 하루도 떠나지 않으며 옷은 반드시 물려 입고 다닐 때는 조금 뒤에 떨어지며 나갈 때는 반드시 손을 잡으며 어버이가 쓰시던 물건은 비록 더러워도 싫어하거나 내치지 않았다. 상사 때는 생명을 사할 정도였으며 마음이 따뜻하여 서모에게서 난 아우를 지성으로 돌보아 그의 아들에 의복과 음식을 줌이 자기 자식보다 먼저 했으니 공의 효도와 우애의 행실을 독실하다 하겠다.

작은 관리가 되었을 때 동료를 위하여 유배되었으나 난처한 빛이 없었으며, 시장(市場)을 다스림에 뇌물을 근절하고 청탁을 거절했으며, 현감과 목사로 있을 때 이름을 떨치려 힘쓰지 않았으나 관리들은 두려워하고 백성들은 공경하고 두려워했다. 간관(諫官)이 되어서는 뜻대로 말을 다하여 비록 강등(降等), 축출되어도 마음은 뉘우치지 않아 설사 과오가 있어도 사람들이 의심하지 않았다.

공은 편안하고 고요하여 자신을 지키고 날마다 형제가 한 방에서 서로 대하며 명예와 요직에도 발자취가 없었다. 이로써 당시에 알려지지 않았으나 또한 이로써 사군자(士

君子)에게 알려졌다.

　박씨(朴氏)의 계통이 신라왕 혁거세(赫居世)에서 비롯하여 대대로 밀양박씨가 되었다. 조부는 생원(生員)으로 호현(好賢)이니 높은 명성이 있었으나 일찍 별세하고 증조부 충원(忠元)은 판서(判書)로 대제학(大提學)을 겸임하였다. 아버지는 봉례(奉禮)를 역임한 안행(安行)이니 광해군(光海君) 때 귀현(貴顯)할 길이 있었으나 자신을 지킴이 매우 굳건하여 사론(士論)이 아름답게 여겼으며 한양조씨(漢陽趙氏)와 결혼하여 1609년(광해군 1) 공을 낳았으니 이름은 승건(承健)이다.

　1630년(인조 8) 중형(仲兄) 승휴(承休)와 함께 진사(進士)에 합격하고 1650년(효종 1)에 또 함께 급제하여 어버이를 영화롭게 하니 사람들이 공의 효심과 우애심이 보답한 것이라 하였다. 우리나라 관례에 과거에 급제한 부모와 처부모에게 별도로 전답과 노비를 주어 뜻을 기쁘게 하는데 공은 일체 사양하니 공의 부인인 남씨(南氏)의 외조부인 선원(仙源) 김상국(金相國)이 듣고

"이것은 그에게 작은 일이다. 그러나 요즘 세상에는 드문 일이라 그의 아름다움을 표창함이 당연하다."

　하고 드디어 노비문서를 주니 공은 문서를 받았으나 그 노비를 묻지 않았다.

　공은 25세에 처음 벼슬하여 창릉(昌陵)·광릉(光陵)·정릉(靖陵)의 재랑(齋郞)과 평시봉사(平市奉事)를 역임하고 급제한 후 승문원(承文院)의 권지정자(權知正字)로부터 성균관(成均館) 전적(典籍)으로 승진하고 예조(禮曹)와 병조

좌랑(兵曹佐郞)으로 옮겼으며 사간원정언(司諫院正言) 시강원사서(侍講院司書)는 두 번 되었으며 그 사이 해운판관(海運判官)이 되어 수병의 폐단을 통쾌히 개혁하고 용안현감(龍安縣監)이 되어 언사(言事)로 유배되었으며 혹 성균관직강(成均館直講)과 예조정랑(禮曹正郞)이 되기도 하였다. 다시 정언(正言)이 되어 형조판서(刑曹判書)인 허적(許積)을 논평하고 탄핵하니 관료들이 어려운 일이라 하였다. 그 후 사헌부 지평을 거쳐 전라도 도사가 되고 돌아와 여섯 번째 사헌부 장령이 되었으며 조금 승진하여 두 번 종부시 제용감정(濟用監正)이 되고 상주목사로 임명되었을 때 공은 이미 병환중이었다. 종부시(宗簿寺)에 있을 때 사명을 받들고 국경을 나가다 병이 위독하여 돌아온 후 공은 사명을 마치지 못한 것이 한이 되어 매우 간절히 갈 것을 청했으나 조정에서 불허했다.

공의 나이 59세인 1667년(현종 8) 4월 20일 서울의 집에서 별세하고 묘는 양주군의 동쪽 문한산 동쪽 기슭에 있다.(中略)

공은 어렸을 때 명성이 옥처럼 빛났으며 훌륭한 때를 만났으나 공의 성품이 편안하고 이익을 탐냄이 없으며 세상이 분주히 이해만 헤아리는 것을 보고 더럽게 여길 뿐이었다. 때문에 대나무와 뽕나무를 심고 고기 잡고 사냥하며 끝까지 세상과 단절되었다. 그러나 공은 한탄하지 않았으며 오직 가정에서 행실이 돈독하여 고인(古人)에 비해 부끄러움이 없었으니 세상에 이런 분이 있음이 어찌 풍교(風敎 : 교육과 정치의 힘으로 풍습을 잘 교화시킴)에 관계되지 않겠는가. 공의 선행을 진실로 쓸 것이 많다. 그러나 이것은 모두 인륜의 떳떳함이요, 모략의 큰 변을 당했으되 우애의 마음을 잃지 않았으니 이것이 어찌 사람마다 가능하겠는가. 저들 아름답지 못하게 서로 원수가 된 자들은 무슨 마음일까. 필자는 자이(子以)와 교유했는데 항상 스스로 자이(子以)를 아는 자는 필자 밖에 없다 하였다.

명(銘)에 이르노니,

남이 알아주지 않아도 후회하지 않으며 큰 변을 당해도 상도를 잃지 않았으니 이것이 자이(子以)의 어짊이다. 아아, 누가 자이(子以)를 당할까!

박효항(朴孝恒)

1609년~1677년. 밀흥군(密興君) 박안길(朴安吉)이 아들로 밀계군 박기현(朴耆賢)의 손자이다. 외조는 전주이인 부솔 이방영(李邦榮), 배위는 전주이씨(全州李氏), 처부는 증 참찬 이원준(李元俊)이다. 동지중추부사(同知中樞府事) 호조 참판(戶曹參判)을 역임하고 밀능군(密陵君)에 습봉되었다.

박 지(朴 贄)

1616년~1692년. 자는 원례(元禮). 청재심문(淸齋審問)의 후손 박민행(朴敏行)의 아들로 오암손(梧岩蓀)의 손자이다. 외조는 윤형언(尹衡彦), 배위는 전주이씨(全州李氏), 처부는 부사과 이희맹(李希孟)이다. 1648년(인조 26)에 생원(生員)이 되어 음전생

봉사(陰典牲奉事)가 되고, 1662(현종 3) 문과에 병과로 급제하여 승정원 부승지(承政院副承旨) 겸 경연참찬(經筵參贊), 춘추관 수찬(春秋館修撰)을 지내고 전주(全州), 공주(公州), 성주(星州), 나주(羅州), 안동(安東), 홍주(洪州), 김해(金海)의 목사(牧使)를 역임하였다.

박안기(朴安期)

1617년~1675년. 자는 백진(伯眞), 호는 나산(螺山). 절충장군 용양위 행상호군 우암(迂庵) 박희현(朴希賢)의 아들로 경력(經歷) 박효원(朴孝元)의 손자이며 응천(凝川) 박군조(朴君藻)의 증손이다. 외조는 한온손(韓溫孫), 배위는 남양홍씨(南陽洪氏), 처부는 홍모(洪某)이다. 1624년(인조 2) 식년 진사시(進士試)에 2등하고, 1648년(인조 26) 정시문과(庭試文科)에 병과로 급제하여 은율현감(殷栗縣監)을 역임하였다. 1643년(인조 21) 제술관(製述官)으로 일본에 특사로 건너가 일본 천문학자에게 칠정산(七政算)을 전하고, 교토의 천문학자 오카노이에게 역법을 가르쳐 그의 제자 사부가와가 정향력(貞享曆)을 완성하였다. 그가 써준 현판 '경요세계(瓊瑤世界)'가 일본 시스오카 현 슈미즈시의 세이켄사의 2층 종루에 걸려있으며, 이 절의 경치를 노래한 시와 글씨가 일본의 다른 곳에 남아있다.

밀양박씨(密陽朴氏)

박 징(朴 澂)

1631년~1685년. 자는 징지(澂之). 공간공(恭簡公) 박건(朴楗)의 후손 선교랑(宣敎郞) 박인행(朴仁行)의 아들이며, 사오당(四五堂) 박희(朴曦)의 손자, 박일현(朴逸賢)의 증손이다. 외조는 한제원(韓悌元), 배위는 신평이씨(新平李氏), 처부는 이민식(李敏植)이다. 1660(현종 1)에 식년 생원시(生員試), 1672(현종 13) 별시문과(別試文科)에 병과로 급제하여 정언(正言), 사헌부 장령(司憲府掌令)을 역임하였다.

박 선(朴 渲)

1642년~1684년. 자는 심원(深源). 공간공(恭簡公) 박건(朴楗)의 후손으로 박인행(朴仁行)의 아들이며, 사오당(四五堂) 박희(朴曦)의 손자, 박일현(朴逸賢)의 증손이다. 외조는 한열원(韓悅元). 배위는 청주한씨(淸州韓氏), 처부는 한필영(韓必榮)이다. 1675년(숙종 1) 식년 생원시(生員試)에 장원하고, 통덕랑으로 1683년(숙종 9) 증광시(增廣試)에 문과 병과로 급제하여 승정원 주서(承政院注書)에 증직되었다.

박징만(朴徵晩)

1644년~1699년. 자는 숙길(夙吉), 호는 월탄(月灘). 충의위(忠義衛) 박정직(朴廷稷)의 아들로 박안주(朴安冑)의 손자, 지평(持平) 박우현(朴友賢)의 증손이다. 외조는 박지문(朴之文),

밀양박씨(密陽朴氏)

배위는 함평이씨(咸平李氏)와 경주김씨(慶州金氏), 처부는 학유 이창래(李昌來)와 김수광(金壽光)이다. 1675년(숙종 1) 식년 생원시(生員試)에 2등하고, 1679년(숙종 5) 기미식년(己未式年) 문과 급제하여 영산 현감(靈山縣監)을 역임하였다.

박만정(朴萬鼎)

1648년~1717년. 자는 사중(士重), 호는 동계(東溪) 또는 설정(雪汀). 진사 동헌(東軒) 박정서(朴廷瑞)의 아들로 등은(籐隱) 박순례(朴純禮)의 손자이며, 박증현(朴曾賢)의 증손이다. 외조는 전주인 종부시정(宗簿寺正) 유덕창(柳德昌), 배위는 성주이씨(星州李氏), 처부는 사평 이빈(李儐)이다. 1673년(현종 14) 식년 생원시(生員試), 1683년(숙종 9) 증광시 문과에 급제하여 사헌부 정언(司憲府正言), 홍문관 수찬(弘文館修撰), 교리(校理), 응교(應敎), 사간(司諫), 보덕(輔德), 집의(執義)를 거쳤다. 1696년(숙종 22) 병자에 황해도와 평안도의 순무어사(巡撫御史)로 해서암행일기(海西暗行日記)를 남겼으며, 영광 군수(靈光郡守)와 회영 부사를 역임하였다.

박견선(朴見善)

1649년~1704년. 자는 익경(益卿). 참군(參軍) 박용현(朴用賢)의 고손으로 통덕랑 동지(同知) 박자정(朴自挺)의 아들이며, 박승헌(朴承憲)의 손자, 박안도(朴安道)의 증손이다. 배위는 순흥

안씨이며, 처부는 안임도이다. 1684년(숙종 10) 식년 진사시(進士試), 1686년(숙종 12) 별시(別試) 문과에 급제하여 사헌부 장령(司憲府掌令)을 거쳐 청주 목사(淸州牧使)로 부임하던 중에 죽었다.

박기량(朴基良)

1651년~1709년. 자는 명우(明遇). 박안기(朴安期)의 아들로 목사(牧使) 박희현(朴希賢)의 손자이며, 경력(經歷) 박효원(朴孝元)의 증손이다. 1684년(숙종 10) 식년(式年) 진사시(進士試), 1695년(효종 21) 평안도 별시문과(別試文科)에 병과로 급제하여 단성 현감(丹城縣監)을 역임하였다.

박이문(朴以文)

1654년~?. 자는 군빈(君彬), 호는 소곡(蕭谷). 참판 박눌생(朴訥生)의 후손으로 박황원(朴凰元)의 아들이며, 증판윤(贈判尹) 박춘영(朴春榮)의 손자이다. 외조는 완산인 감찰 최의(崔義)이다. 제주판관(濟州判官)을 지냈다.

박준세(朴準世)

1656년~1706년. 자는 평경(平卿). 송당(松堂) 박영(朴英)의 후손으로 검암(儉巖) 박수천(朴守天)의 아들이며, 태우당(太愚堂) 박집(朴緝)의 손자, 박경길(朴敬吉)의 증손이다. 외조는 구암(龜岩) 김경장(金慶長), 배위는 풍양조씨(豊壤趙氏), 처부는 조동열이다. 1687(숙종 13) 식년 생원(生員) 2등, 1702년(숙종 28) 식년문과(式年文科)에 을과로 급제하여 승문원 정자(承文院正字)를 역임하였다.

박규문(朴奎文)

1670년~1741년. 자는 문서, 호는 궁와(窮窩). 공간공 박건(朴楗)의 후손으로 증무공랑(贈務功郎) 승문원 주서(注書) 박선(朴瑄)의 아들이며, 박인행(朴仁行)의 손자, 박희(朴晞)의 증손이다. 외조는 한필영(韓必榮), 배위는 함평이씨(咸平李氏)와 청송심씨(靑松沈氏), 처부는 이신현(李藎賢)과 심약견(沈若汧)이다. 1696년(숙종 22) 식년 진사시(進士試)와 1723년(경종 3) 증광시에 급제하여 주서(注書), 필선(弼善), 헌납(獻納)을 거쳐 장연 현감(長連縣監)을 역임하였다.

박형윤(朴亨潤)

1671년~1762년. 자는 태중(泰仲). 낙봉 박근원의 현손으로 유연(悠然) 박만기(朴萬器)의 아들이며, 생부는 만종(萬鍾), 동야(東野) 박정서(朴廷瑞)의 손자, 박순례(朴純禮)의 증손이다. 외조는 현감 박임재(朴任在), 생 외조는 지평 홍수(洪鏽)이며, 배위는 해주정씨(海州鄭氏), 처부는 부사 정중창(鄭重昌)이다. 1723년(경종 3) 증광시 문과에 병과로 급제하여 개성부 경력을 역임하였다. 1728년(영조 4) 무신년 원종훈(原從勳)으로 이조 참판(吏曹參判)에 특증되었다.

박래장(朴來章)

1677년~?. 자는 유문(孺文). 경력공(經歷公) 박효원(朴孝元)의 고손(高孫)으로 성균 생원 박기상(朴基祥)의 아들이며, 현감 박안기(朴安期)의 손자, 목사(牧使) 박희현(朴希賢)의 증손이다. 외조는 정빙(鄭砯), 처부는 김진명(金振鳴)이다. 1725년(영조 1) 증광시와 1727(영조 3) 문과에 을과로 급제하여 현감(縣監)을 역임하였다.

박장윤(朴長潤)

1679년~1754년. 자는 원백(遠伯), 호는 취은(醉隱). 낙봉 박근원(朴謹元)의 현손으로 박만종(朴萬鍾)의 아들이며, 정주(廷柱)의 손자, 박순례(朴純禮)의 증손이다. 외조는 지평 홍수(洪鏹), 배위는 동래정씨(東萊鄭氏), 처부는 진사 정성능(鄭聖能)이다. 1711년(숙종 37) 식년 문과에 병과로 급제하여 사헌부 지평(司憲府持平)과 장령(掌令)을 역임하였다.

박치화(朴致和)

1680년~1767년. 자는 사이(士邇), 초명은 치원(致遠), 호는 설계(雪溪), 읍건재(泣愆齋), 손재(巽齋). 강수(江叟) 박훈(朴薰)의 8세손 감역(監役) 박수기(朴守基)의 아들로 박세익(朴世翼)의

밀양박씨(密陽朴氏)

손자이다. 외조는 생원 이양진(李陽進), 배위는 화순최씨(和順崔氏), 처부는 동지(同知) 최동명(崔東溟)이다. 1708년(숙종 34) 식년문과(式年文科)에 병과로 급제하여 성균 전적(成均典籍), 병예 좌랑(兵禮佐郞), 양성 현감(陽城縣監), 사헌부 장령(司憲府掌令), 사간(司諫), 지중추 한성판윤(知中樞漢城判尹)으로 기로사(耆老社)에 들었다가 보국숭록(輔國崇祿)에 올라 판중추판돈령(判中樞判敦寧) 겸 사포서제조(司圃署提調)를 역임하였다.

박필정(朴弼正)

1685년~1756년. 자는 계심(季心), 호는 일휴재(逸休齋). 호계(虎溪) 박세증(朴世拯)의 아들로 강천(綱川) 박정린(朴廷麟)의 손자이며, 박안건(朴安建)의 증손이다. 외조는 이여철(李汝哲), 배위는 남양홍씨(南陽洪氏), 처부는 통덕랑 홍우명(洪禹命)이다. 1711년(숙종 37) 식년문과에 을과로 급제하여 교리(校理), 사인(舍人), 보덕(輔德), 필선(弼善), 동부승지(同副承旨) 이조 참판(吏曹參判)을 거쳐 외직(外職)으로 나갔다가 한성부 좌윤(漢城府左尹)을 역임하였다.

박종윤(朴宗潤)

1683년~?. 자는 경휘(景輝). 선곡(仙谷) 박안현(朴顔賢)의 고손(高孫)으로 진사 박만령(朴萬齡)의 아들이며, 박정진(朴廷振)의 손자, 박순인(朴純仁)의 증손이다. 외조는 정시옥(鄭時沃),

배위는 안동김씨(安東金氏), 처부는 김정서(金井瑞)이다. 1717년(숙종 43) 식년 진사시에 3등하고, 1719년(숙종 45) 증광시 문과에 병과로 급제하여 종부시 정(宗簿寺正)을 역임하였다.

박치문(朴致文)

1694년~?. 자는 사빈(士彬), 호는 치재(恥齋). 강수 박훈(朴薰)의 8세손으로 박수의(朴守義)의 아들이며, 생부는 박수인(朴守仁)이다. 통덕랑 박세대(朴世大)의 손자이고, 강천(綱川) 정린(廷麟)의 증손이다. 외조는 류시관(柳時觀), 생 외조는 여동로(呂東老), 배위는 안동김씨(安東金氏)와 한산이씨(韓山李氏), 처부는 김옥(金沃), 이관해(李觀海)이다. 1723년(경종 3) 증광시 문과에 병과로 급제하여 사간원 정언(正言)을 거쳐 세자시강원 보덕(輔德)을 역임하였다.

박해윤(朴海潤)

1696년~?. 자는 여중(汝重). 선곡 박안현의 현손으로 성균진사 박만선(朴萬善)의 아들로 박정익(朴廷翼)의 손자이며, 박순의(朴純義)의 증손이다. 외조는 성만춘(成萬春), 배위는 연안이씨(延安李氏), 처부는 이제상(李濟相)이다. 1721년(경종 1) 식년 생원시(生員試)에 3등하고, 1735년(영조 11) 증광시(增廣試) 문과에 병과로 사촌 박창윤(朴昌潤)과 동방급제 하여 승문원 박사를 거쳐 정언, 지평, 승지를 역임하였다.

밀양박씨(密陽朴氏)

박성원(朴聖源)

1697년~1767년. 자는 사수(士洙), 호는 겸재(謙齋) 또는 광암(廣巖). 화록(華麓) 박호현(朴好賢)의 6세손이며 박진석(朴震錫)의 아들로 박현주(朴玄胄)의 손자이다. 외조는 정명한(鄭溟翰), 배위는 창원유씨(昌原兪氏)와 연안이씨(延安李氏), 처부는 유겸일(兪謙一)과 이담로(李聃老)이다. 도암(陶菴) 이재(李梓)의 문하에서 글을 배우고, 1721년(경종 1) 증광시에 생원(生員) 2등, 진사시(進士試) 3등, 1728년(영조 4) 별시 문과에 을과로 급제하여 세손유선(世孫諭善)을 거쳐 사간원과 사헌부의 벼슬을 거쳐 병조 참판에 이르러 봉조하(奉朝賀)에 치사(致仕)가 되었다. 이조판서(吏曹判書)에 증직되고 시호는 문헌(文獻)이다.

박창윤(朴昌潤)

1699년~1770년. 자는 군탁(君擢), 경윤(景運). 선곡 박안현(朴顔賢)의 현손이며 진사 박만원(朴萬源)의 아들로 박정익(朴廷翼)의 손자이며, 박순의(朴純義)의 증손이다. 외조는 권지(權志), 배위는 창녕성씨(昌寧成氏)와 해평윤씨(海平尹氏), 처부는 성현(成鉉) 윤이주(尹履周)이다. 1729년(영조 5) 식년 생원시(生員試)에 3등, 1735년(영조 11) 증광시(增廣試) 문과에 병과로 사촌 해윤(海潤)과 나란히 급제하여 찰방(察訪)과 강계 부사(江界府使)를 거쳐 청백리로 승지를 역임하였다.

밀양박씨(密陽朴氏)

박종량(朴宗亮)

1700년~1778년. 자는 경인(景寅), 초휘는 종성(宗聖), 호는 수은(睡隱). 화록(華麓) 박호현(朴好賢)의 7세손으로 박계원(朴啓源)의 아들이며, 박두석(朴斗錫)의 손자, 박신주(朴新胄)의 증손이다. 외조는 강후망(姜後望), 배위는 덕수이씨(德水李氏)와 경주김씨(慶州金氏), 처부는 이서(李墭), 김태경(金泰慶)이다. 1752년(영조 28) 정시(庭試) 문과에 병과로 급제하여 사헌부 정언(正言)을 역임하였다.

박체소(朴體素)

자는 성순(聖淳). 좌승지 박순원(朴舜元)의 8세손으로 통덕랑 박창동(朴昌東)의 아들이며, 박원석(朴元錫)의 손자, 박자무(朴自懋)의 증손이다. 배위는 경주이씨(慶州李氏), 처부는 이홍제(李弘濟)이다. 1729년(영조 5) 문과에 병과로 급제하여 승문원 정자, 의금부 도사를 거쳐 병조 정랑을 역임하였다.

박한휘(朴漢暉)

1722년~1760년. 자는 사항(士恒), 춘장(春章). 승지(承旨) 박순원(朴舜元)의 8세손으로 박창신(朴昌新)의 아들이며, 생부는 강수(江叟) 박훈(朴薰)의 8세손 박치당이다. 박정석(朴貞錫)의 손자, 박자우(朴自友)의 증손이며, 생 증조는 박세후(朴世厚)이다. 외조는 송유길(宋有吉), 생 외조는 권순(權淳)이며, 배위는 순창조씨(淳昌趙氏), 처부는 조동한(趙東翰)이다. 1750년(영조 26) 식년 문과에 병과로 급제하여 사헌부 지평(持平)을 역임하였다.

박동일(朴東一)

1715년~1777년. 자는 노유(魯有), 호는 지류암(止流菴). 낙봉(駱峰) 박근원(朴謹元) 7세손으로 박수윤(朴壽潤)의 아들이며, 동계(東溪) 박만정(朴萬鼎)의 손자, 박정서(朴廷瑞)의 증손이다. 외조는 김문하(金文夏)와 이익한(李翼漢), 배위는 전주유씨(全州柳氏), 처부는 류흠지(柳欽之)이다. 1762년(영조 38) 정시(庭試) 문과에 병과로 급제하여 사간원 정언(正言), 성균관 직강(直講)을 역임하였다.

박행순(朴行淳)

1728년~1788년. 자는 군범(君範). 송월당 박호원(朴好元)의 8세손으로 박경원(朴經遠)의 아들이며, 박상익(朴尙益)의 손자, 박세만(朴世萬)의 증손이다. 외조는 남철명(南哲明), 배위는 평택임씨(平澤林氏), 처부는 임엽(林燁)이다. 1754년(영조 51) 정시문과(庭試文科)에 병과로 급제하고 사헌부 장령(掌令)을 거쳐 옥구 현감을 역임하였다.

밀양박씨(密陽朴氏)

박사묵(朴師黙)

1736년~1739년. 자는 사앙(士仰), 호는 기천(奇泉). 선곡 박안현(朴顔賢)의 7세손으로 농촌(聾村) 박동의(朴東毅)의 아들이며, 박중윤(朴重潤)의 손자, 박만전(朴萬全)의 증손이다. 외조는 이동원(李東源), 배위는 의령남씨(宜寧南氏), 처부는 진사 남학춘(南鶴春)이다. 1778(정조 2) 춘당문과(春塘文科)에 을과로 급제하여 홍문관 교리(校理), 수찬(修撰)을 거쳐 흥해 군수(興海郡守)를 역임하였다.

박규순(朴奎淳)

1740년~1806년. 자는 대규(大圭), 호는 비원(肥園). 송월당 박호원(朴好元)의 8세손으로 통덕랑 박경명(朴經明)의 아들이며, 간은(艮隱) 박상빈(朴尙彬)의 손자, 손촌(遜村) 박세웅(朴世雄)의 증손이다. 외조는 류응린(柳應獜), 배위는 창녕성씨(昌寧成氏)와 초계정씨(草溪鄭氏)와 안동권씨(安東權氏)와 전주이씨(全州李氏)이며, 처부는 성기(成耆), 정동준(鄭東準), 안택동(安宅東), 이문기(李文基)이다. 1773년(영조 49) 증광 생원시(生員試)에 2등하고, 1777(정조 1) 전시문과(殿試文科)에 병과로 급제하여 홍문관 부응교와 승정원 동부승지를 거쳐 삼읍(三邑)의 군수(郡守)를 역임하였다.

박재덕(朴載德)

자는 중양(仲養). 승지 박순원(朴舜元)의 10세손으로 박계환

(朴啓煥)의 아들로 정랑(正郎) 박체소(朴體素)의 손자, 박창동 (朴昌東)의 증손이다. 외조는 유언침(兪彦琛), 배위는 수안이씨 (遂安李氏)이다. 1771년(영조 47) 식년시 문과에 병과로 급제 하여 병조 참의를 역임하였다.

박종묵(朴宗黙)

1745년~1788년. 자는 성득(聖得). 낙봉 박근원(朴謹元)의 8세 손으로 박동한(朴東翰)의 아들이며, 박형윤(朴亨潤)의 손자이다. 외조는 진사 김시경(金始炅), 김준(金濬), 배위는 전주이씨(全州 李氏)와 하동정씨(河東鄭氏), 처부는 첨지중추(僉知中樞) 이도 (李巢), 정희진(鄭禧鎭)이다. 1783년(정조 7) 증광(增廣) 생원시 (生員試)에 3등하고, 동 식년 전시문과(殿試文科)에 병과로 급제 하여 전적(典籍)을 거쳐 이조 정랑(吏曹正郎)을 역임하였다.

박재기(朴在冀)

1750년~1822년. 자는 자운(子雲), 호는 월암(月菴). 송월당 박호원(朴好元)의 9세손으로 니계(尼溪) 박래오(朴來吾)의 아들 이며, 박경일(朴經一)의 손자, 박충언(朴忠彦)의 증손이다. 외조 는 이제후(李濟厚), 배위는 진양강씨, 처부는 첨지중추(僉知中樞) 강치후이다. 1783(정조 7) 식년 전시문과(殿試文科)에 병과로 급 제하여 사간원 정언(正言)을 역임하고 유서(遺書)를 남겼다.

박겸진(朴謙進)

1766년~1806년. 자는 치익(穉益), 호는 상좌(尙左). 낙봉(駱峰) 박근원(朴謹元)의 9세손으로 참의 박종묵(朴宗黙)의 아들이며, 박동한(朴東翰)의 손자, 박형윤(朴亨潤)의 증손이다. 외조는 첨지중추(僉知中樞) 이도(李渡), 정희진(鄭禧鎭), 배위는 의령남씨(宜寧南氏), 처부는 현감 남암로(南巖老)이다. 1792(정조 16) 사마시에 진사 급제하고, 1800년(정조 24) 별시 문과에 병과로 급제하여 주서(注書)로 임금에게서 용연(龍硯)을 받았고 교리(校理)를 역임하였다.

박재호(朴在皥)

1797년~1861년. 자는 용서(龍瑞), 호는 여사(餘紗). 송월당 박호원(朴好元)의 9세손으로 박주오(朴周晤)의 아들이며, 박경화(朴經和)의 손자, 정언(正言)의 증손이다. 외조는 이덕항(李德恒), 배위는 김해허씨(金海虛氏), 처부는 허상(許祥)이다. 1822년(순조 22) 임오 식년문과에 병과로 급제하여 사간(司諫)과 집의(執義)를 거쳐 외직으로 나가 현풍과 옥구(沃溝)의 현감(縣監)을 역임하였다.

박효묵(朴斅黙)

1789년~1858년. 자는 치학(穉學). 선곡 박안현(朴顔賢)의 7세손으로 박동재(朴東載)의 아들로 박창윤(朴昌潤)의 손자이다.

외조는 이상방(李尙昉), 배위는 해주정씨(海州鄭氏), 처부는 정시행(鄭時行)이다. 1828년(순조 28) 식년 진사시(進士試)에 3등 하고, 1841년(헌종 7) 정시문과에 병과로 급제하여 삼사(三司)를 거쳐 승지(承旨)를 역임하였다. 1845년 대종회 초대 문장(文章)을 역임하였다.

박공진(朴公鎭)

1806년~1877년. 자는 주중(周仲), 호는 이안정(二安亭). 송월당(松月堂) 박호원(朴好元)의 11세손으로 박기팔(朴基八)의 아들이며, 성와(誠窩) 박능환(朴能煥)의 손자, 산수재(山水齋) 박제오(朴繼吾)의 증손이다. 외조는 정일채(鄭一采), 배위는 진양하씨(晋陽河氏)와 안동권씨(安東權氏), 처부는 하순(河恂)과 권경신(權景信)이다. 1843년(헌종 9) 식년 문과에 병과로 급제하여 사간원(司諫院) 집의(執義)와 사복시 정(司僕寺正)을 거쳐 보령 현감(保寧縣監)이 되었다가 돈령부 도정(敦寧府都正)을 역임하였다.

박기훈(朴岐勳)

1858년~1886년. 자는 경원(景元). 선곡공 박안현(朴顔賢)의 11세손으로 군수(郡守) 박수만(朴受晚)의 아들이며, 박응신(朴膺臣)의 손자, 박재진(朴在進)의 증손이다. 외조는 이득원(李得元), 배위는 해주정씨(海州鄭氏), 처부는 도정(都正) 정만교(鄭

萬敎)이다. 1881년(고종 18) 별시 문과에 병과로 급제하여 주서(注書)와 옥당을 거쳐 은산 현감(恩山縣監)을 역임하였다.

박영소(朴永韶)

1869년~1900년. 자는 순의(舜儀), 호는 지당(芝堂). 영해공(寧海公) 박안국(朴安國)의 10세손으로 박현진(朴顯鎭)의 아들이며, 박기목(朴基穆)의 손자, 생조고는 박기항(朴基恒), 박성환(朴聖煥)의 증손이다. 외조는 강원영(姜元永), 배위는 경주김씨(慶州金氏), 처부는 김원경(金元經)이다. 1892년(고종 29) 별시 문과에 병과로 급제하여 주서(注書)를 역임하였다.

박영대(朴永大)

1866년~1940년. 자는 자명(子明), 호는 수촌(遂村), 초명은 영락(永駱). 선곡 박안현(朴顔賢)의 11세손으로 박규진(朴奎鎭)의 아들이며, 생부는 박래진(朴萊鎭), 박기정(朴基鼎)의 손자, 박영진(朴英進)의 증손이다. 외조는 정언(正言) 권세우(權世祐), 생 외조는 백응진(白鷹鎭), 배위는 숙부인 완산이씨(完山李氏)와 숙부인 해주오씨(海州吳氏), 처부는 진사(進士) 이용빈(李容斌)과 오모(吳某)이다. 1892년(고종 29) 별시 문과에 병과로 급제하고 통사랑(通仕郞)이 되었다. 1893년(고종 30) 승문원 정자(承文院正字)와 홍문관 시독(弘文館侍讀)을 거쳐 1985년(고종 32) 비서감 승(秘書監丞)을 역임하였다.

박용화(朴鏞和)

1871년~1907년. 자는 희문(希聞), 호는 소하(韶荷), 시호는 충정(忠貞). 선곡 박안현(朴顔賢)의 12세손으로 박준우(朴準禹)의 아들이며, 생부는 박준설(朴準卨), 박태진(朴泰鎭)의 손자, 박기욱(朴基郁)의 증손이다. 외조는 정인섭(鄭寅燮), 생 외조는 홍치준(洪致儁)과 이학규(李鶴奎), 배위는 남양홍씨(南陽洪氏), 처부는 도정(都正) 홍재능(洪在能)이다. 유학하고 돌아와 주사(主事) 주일참서관(駐日參書官), 주영공사(駐英公使), 외부협변(外部協辨), 제실심사국장(帝室審査局長), 황해관찰사(觀察使), 시종원경 겸 내대신(侍從院卿兼內大臣)을 역임하였다. 37세에 별세하자 국왕이 비보(悲報)에 놀라 치제문(致祭文)을 지어 애도하고 시호를 충정(忠貞)이라 내렸다.

참고문헌(參考文獻)

『삼국사기』 (三國史記)
『삼국유사』 (三國遺事)
『고려사』 (高麗史)
『고려사절요』 (高麗史節要)
『조선왕조실록』 (朝鮮王朝實錄)
『고려공신전』 (高麗功臣傳)
『국조인물고』 (國朝人物考)
『국조방목』 (國朝榜目)
『동국여지승람』 (東國輿地勝覽)
『고려명신록』 (高麗名臣錄)
『독립운동사』 (獨立運動史)
『각성씨세보』 (各姓氏世譜)
『성씨의 고향』 (姓氏의 故鄉)
『한민족대성보』 (韓民族大姓譜)
『한국문화유적총람』 (韓國文化遺跡總攬)
『대동방씨족원류사』 (大東方氏族源流史)
『한국의 전통예절』 (韓國의 傳統禮)
『한국성씨총감』 (韓國姓氏總鑑)
『한국인명대사전』 (韓國人名大辭典)
『성씨대보총람』 (姓氏大譜總覽)

밀양(密陽) 박(朴)씨 이야기

2014 年 8 月 8 日 인쇄
2014 年 8 月 8 日 발행
편 저 : 성씨이야기편찬실
발 행 : 올린피플스토리

출판등록 : 제 25100 - 2007 - 000017 호
주   소 : 서울특별시 강동구 구천면로 18길 23호
홈페이지 : http://www.ollinpeople.co.kr
전   화 : 070) 4110 - 5959
팩   스 : 02) 476 - 8739
정   가 : ₩ 19,800

I S B N : 979-11-5743-654-5

* 파손된 책은 바꾸어 드립니다.